李圭泰 — 밀레니엄 북스·14

―우리 민속 문화의 정체성
한국인의 민속 문화 3

이 규 태 지음
(조선일보 논설위원)

좋은 책 좋은 독자를 만드는 ―
㈜신원문화사

머리말

 그 강했던 통일신라가 망한 것은 진성여왕(眞聖女王)의 악정 때문이라고 역사는 적고 있다. 그럴 만한 이유들이 《삼국사기》에서 적지않이 보여진다. 하지만 나라의 흥망성쇠를 좌우했던 정치적 구실들을 들어 인간 진성여왕의 전부를 말할 수는 없다. 사랑하는 연인 때문에 대영제국의 왕관을 버린 윈저공의 사랑이 세기적 사랑이라고 각광받는다면, 왕정보다 사랑하는 연인을 선택했던 진성여왕이야말로 밀레니엄의 사랑이었다 할 수 있다.

 이처럼 정치사 우위의 역사에 묻히고 오염된 많은 인물과 역사적 사실의 이면을 밝혀내는 것도 현대가 역사에 짓고 있는 부채 가운데 하나다. 그것들을 이 책《한국인의 민속 문화》에서 시도해 보았다.

 고금의 사회는 소수의 지배층과 다수의 피지배층, 소수의 엘리트층과 다수의 서민층, 소수의 식자층과 다수의 무식층의 양분 구조로 이루어져 왔다. 한데 역사의 기록은 거의가 소수의 지배층과 엘리트층, 식자층 대상으로 한 것이요, 그와 대치되는 다수층은 언제나 기록에서 소외돼 왔다.

 이를테면 소수층 사회에서는 개가(改嫁)가 불가능했지만 다수층 사회에서는 과부 약탈이니 총각보쌈이니 하는 방식의 어떤 형태로든지 짝을 이룰 수가 있었다. 곧 빙산의 일각만으로 보아오던 역사를 빙산의 시각에서 모색하는 것도 현대가 역사에 짓고 있는 두 번째 부채인 것이다. 그것들을 이 책에서 파헤쳐 보고자 한다.

역사의 기록 중 파랑새의 존재를 이따금 발견할 수 있다. 물론 시대와 장소가 다르고 나타나는 상황도 제각각 다르다. 하지만 흩어져 지리멸렬된 여러 구슬을 하나씩 꿰어 시각을 크게 잡아 조감하면 통일된 가닥이 잡힌다. 곧 한국을 지배해 온 사상이 부각되는 것이다. 그 역사에 흩어진 구슬들을 꿰어 우리 민족을 존속시켜 온 기본 사상을 추려내는 것, 이 책에서는 그러한 것들을 조목조목 밝혀내고 있다.

한국사상 요즈음처럼 자기 문화를 멸시하고 열등시하며 서구 문화를 선망하고 추종하는 시대도 없었다. 한국의 정체성을 떠받치는 우리 문화의 소멸이 가속화되고 있음을 부인하는 사람은 아마 없을 것이다. 외풍에 시달려 붕괴 직전에 있는 정체성의 파괴를 막는 심정으로 이 책을 썼으며, 그것을 감지해 주었으면 하는 바람이다.

2000년 10월
이 규 태

차 례

제1부 정신에 구심하는 가치관

병사 정신 13
용감한 병사 13┃저주받은 계급 15┃이름 없는 한국 용사 18

이상한 대나무 21
죽창보다 피리가 낫다 21┃서글픈 선전 포고장 24┃관모에 대한 집념 27┃망건을 벗어버린 이유 29┃고개 숙이지 않는 신채호 31

황희주의(黃喜主義) 33
반구정(伴鷗亭) 33

맹목적인 충성 습속 39
김덕생의 형사(刑死) 사건 39┃잘린 손에 쥐어 있는 관인 42┃임금에게 죽으라는 충심 44

한국인의 상고 보수성 46
틀리게 죽은 장모 46┃현실 영합 정치 49

북관 기질 52
묘향산형 범간 설화 52┃이준의 담뱃대 사건 55┃강계 변경주의 58

한국인 속에 스며든 양풍 61
양인난생설(洋人卵生說) 61┃백인은 약이다 65┃모인국(毛人國)과 여인국 67┃망할 놈의 양귀자 70┃양견 수난사(洋犬受難史) 73┃반달만큼 남은 논배미 75

생활을 지배한 도선 사상 77
혁명 사상의 모색 77┃노란 경주와 푸른 송경 80┃거울 속의 참문 예언 83┃도참적 사고 방식의 형성 84

한국인의 통성(通性) 제2부

89 다리와 우리나라의 함수 관계
　　살곶이 다리 89

97 똥이라는 불명예
　　수치스런 똥이 97 ▎날쌘 똥이 99

101 영광의 대장장이
　　아웃사이더의 음모 101 ▎쇠가 무서운 조선 귀신 103

105 추악한 한국인
　　춤추는 조선 장교 105 ▎양 거울과 강화 아가씨 109 ▎
　　영종도의 송아지 전쟁 115 ▎한국 관리의 슬픈 스마일
　　116 ▎선비 사상의 황혼 118

120 여인 천하
　　신정 잉태와 남풍 잉태 120 ▎염제의 딸의 나라 122

125 사위의 집
　　애걸하는 신랑 125 ▎품으로 갚은 신부의 몸값 127

129 최영 신당 신처
　　등명 드는 처녀 129 ▎기녀 시신 습속 132

135 단발령 파문
　　두발에 서린 집념 135 ▎두 노인의 동맹 자살 138 ▎중서
　　방 주자고 날 길렀나 140 ▎상투와 징역 1년 143

147 한국 여성의 아픔 손각씨
　　신(神)의 노예가 되다 147 ▎정문야화(旌門夜話) 149 ▎
　　손각씨의 지적 시련 151

제3부 한국인, 멋의 존재 방식

운명을 예견한 시참(詩讖) 157
동악 선생 시단 157

아름다운 계(稧) 164
자치 경영의 본 164 ▮ 공익과 공제 목적 167 ▮ 산통계와 삼십육계 172

금줄이 주는 주술력 178
왼새끼 꼬며 우는 아버지 178 ▮ 왼새끼 속전(俗傳) 181 ▮ 고추 절도 소송 186

전사적 신문(前史的新聞) 189
은어서 습속 189 ▮ 피로 쓴 신문 192

보디 페인팅 195
내세에의 여권 195 ▮ 형벌 문신 197 ▮ 하트 앤드 애로 199 ▮ 솥바닥을 긁는다 204

이는 남자의 정조 206
무당 임금 206 ▮ 정부의 이를 빼 모으는 뜻 208

성스러운 돼지 212
도망친 교시(郊豕) 사건 212 ▮ 주통촌의 아가씨 214 ▮ 선농단터 217

성기 숭배를 보여주는 풍수 224
여근곡의 샘 224 ▮ 왜선창 아가씨의 황혼 금족령 226 ▮ 드링크제 기자수(祈子水) 227 ▮ 천마산의 섹시 고 라운드 230 ▮ 여자가 예뻐지는 풍수 231

비정의 생활 습속 제4부

235 **신래침학**(新來侵虐)
동승 과부 235┃신부의 오물 세례 238┃레즈비언 승방 242┃비정 기방(非情妓房) 243┃관청의 신귀 245┃홍분방 249┃옥중침학(獄中侵虐) 251

254 **비정의 자궁 습속**
세도에의 오솔길 254┃거세 데먼스트레이션 255

257 **별난 성인식**
등살 뚫고 새끼를 꿰는 시련 257┃송학맴·매화맴·사꾸라맴 260┃고대의 성인식 풍습 261

263 **파랑새로 나타난 관음화신**
관음(觀音)의 메신저 263┃성지(聖地) '포타락' 265

269 **고려의 조직폭력배 악소**
상류 사회의 유한 악소배 269┃악소 친위대 271┃엽색 사병으로도 이용 272

275 **한인 노예시장**
고려판 엄마 찾아 삼만 리 275┃중국의 신라 목동군 278┃비싼 몸값 279┃고려촌의 슬픈 이야기 281

283 **부형야사**(釜刑野史)
몽고병의 살인술 283┃종로 네거리의 솥찜질 284┃바람난 아낙네의 증형 291┃귀신은 종로 흙이 무섭다 292┃슬픈 한국의 시시포스 295

297 **수양 모자 속**(收養母子俗)
일생약정서(一生約定書) 297┃화락천사 299┃연산군의 수양 어머니 301

제 1 부

정신에 구심하는 가치관

병사 정신

용감한 병사

✾ ✾ ✾

　신미양요(辛未洋擾) 때 일이다. 포가 소용없게 된 광성(廣城) 포대의 조선 잔류군은 곡성을 내며 돌을 던지고 진흙으로 미군 병사의 얼굴을 겨냥하여 흙칠을 하는 작전을 썼다.
　최초로 이 포대에 기어 올라갔던 매키 중위는 총탄을 맞은 데다가 용감한 조선 병사의 창에 찔려 쓰러졌다. 뒤이어 이 용감한 병사는 포대를 넘어온 실리 소령에게 달려갔다. 이 찰나 계속 넘어온 틸톤 대위, 포리즈 중위 등이 달려와 이 병사와 숨막히는 결전을 벌였다. 실리 소령은 이 병사의 창에 의해 왼쪽 팔이 뚫렸으나 쓰러진 척하며 권총을 발사하였고 이 용감한 병사는 장렬히 전사했다.

이어 백의(白衣) 대(對) 청의(靑衣), 다시 말하면 창 대 개머리판의 백병전이 벌어졌다. 미군측 종군 기록 가운데는, 조선군 군복이 수십 겹의 두꺼운 것이기에 총검으로 찔러야 소용이 없어 개머리판을 쓸 수밖에 없었다고 적혀 있다. 이 수십 겹의 두꺼운 옷은 바로 운현궁의 무비(武備) 아이디어 모집에서 채택된 무명 열세 겹의 방탄복임이 분명하다.

한미 전쟁에 관한 알버트 카스텔의 논문에 의하면, '조선군은 용감히 저항했다. 그들은 항복 같은 건 아예 몰랐다. 무기를 잃은 병사들은 돌과 흙을 집어던졌다. 시간이 흐름에 따라 결정적으로 전세가 불리해지자 살아남은 조선군 1백여 명은 언덕을 넘어가 일부는 투신 자살하고 일부는 스스로 목을 찔러 자결했다.'고 되어 있다.

그리피스도 "모두 자결하였기에 부상하지 않은 포로는 한 명도 없었다."라고 했다. 부상 포로들도 타고 있는 불 속이나 포대 벼랑에 떨어져 자결을 기도하였고, 부상병 가운데는 차라리 포로가 되느니 죽여달라고 애원을 하였다고 한다.

이 처참한 광경을 보다 못한 한 미국 해병 하나가 지휘관인 틸톤 대위에게 신음하고 애원하는 부상 조선군을 사살해도 좋으냐고 물었다. 이때 틸톤 대위는, "안 돼, 그건 살인이다. 스스로 죽을 때까지 버려두라."하고 말했다고 후에 회고하고 있다.

또 '투신한 1백여 명 조선 병사의 하얀 시체가 크림슨 빛깔의 한강에 부침하여 떠내려가는 모습을 차마 눈뜨고 볼 수가 없었다.'고 기록하고 있다.

《미병 조선공격기략(美兵朝鮮攻擊記略)》에 의하면, 이 포대 안에 죽어 있는 조선인 시체가 2백 43구라 하였고, 미국측은 사망이 매키 중위 외 3명, 부상 2명이었다고 했다.

이날 12시 45분, 황색의 '사(師)'자 기가 틸톤 대위에 의해 내려졌고, 한국 땅에 최초로 성조기가 올랐다. 48시간의 한미 소전쟁은 이렇게 끝난 것이다. 그리고 그 이튿날 미군은 부상한 포로 20명을 데려가라고 강화 유수(留守)에게 통고하였다.

이에 유수는 20명의 포로를 마음대로 하라고 답변하였다. 이것은 무관심이 아니라, 양이(洋夷)에 때묻었다는 치욕이 죽음보다 더한 것이라는 관념 때문이었을 것이다. 병자호란 때도 그같은 관념에 지배되었던 전례로 미루어 그렇게 이해하는 것이 옳을 것 같다.

저주받은 계급

❋ ❋ ❋

'나귀가 움직이는 것은 엉덩이를 후려치는 채찍 때문이지, 눈앞에 보이는 당근 때문은 아니다.'라는 서양 속담이 있다. 14세기 프랑스의 스콜라 철학자 뷰리탕은 나귀 앞에 좌우로 같은 거리에 동질 동량의 당근을 놓아 두면 결정을 짓지 못하고 끝내 아사하고 만다는 '뷰리탕의 나귀설'을 주장하여, 당근이란 비전

제1부 정신에 구심하는 가치관

이나 에스프리(精神力)가 없는 우민(愚民)은 채찍질을 해야 한다고 말했다. 양반인 지휘관층의 무인(武人)을 제외한 한국의 병사는 '뷰리탕의 나귀'였을까.

한국의 병사들은 저주받은 계급이었다. 변방에 가서 국토 수호를 하면 불교 탄압을 하지 않겠다는 특혜를 주어 재가의병사(在家義兵士)로 삼거나, 죄수면 죄의 대가로서 병역을 부과시켰다. 또 악리(惡吏)의 수탈에서 면제해 주는 조건으로 돈에 팔리거나 변방으로의 강제 집단 이주로도 병사를 삼기 마련이었다.

그같이 저주받은 병사들이었으므로 국가나 또 그들을 다스리는 양반 지휘관들이 그들에게서 정신력과 미래상에 의존한 싸움은 바라지도 않았던 것이다. 그러했으므로 모든 싸움에서 그들이 공감하는 정신적 집체력이 없었고, 아울러 용감할 수도 강할 수도 없었다.

한데 이 광성 포대의 소전쟁에서 조선 병사의 이전에 몰랐던 정신력을 발견할 수 있었음은 무엇이란 말인가. 패전을 하자 도망치지 않고 투신한 병사만도 1백여 명에 이르렀다 한다. 따라서 부상당하지 않은 포로는 한 사람도 없었고, 부상당한 포로들도 제발 쏘아 죽이라고 애원하거나 감시병의 눈을 피해 타는 불 속으로 기어들어 갔던 것이다. 미국측이 부상 포로를 데려가라고 했을 때, 부평도호부(富平都護府) 이기조 부사(府使)는 다음과 같은 강경한 회답으로 인수를 거부하였다.

"우리나라 병사들이 이미 포로가 된 이상 그 사람들을 죽이거나 살릴 그 권한은 미국측 손에 달렸으니 다시 묻지 않겠다. 귀국인으로서 포로가 된 사람이 있으며 이들을 송환하는 권한 역시 우리나라에 달려 있는 바 송환할 수가 없다."

이 일련의 사실로 미루어 조선 군대 간에 어렴풋한 무사 정신이 부각됨을 볼 수 있는데, 이것은 소중한 발견이 아닐 수 없다. 임진왜란 때 진주성 싸움을 보거나, 병자호란 때 포로인에 대한 처우로 볼 때 우리 한국 군대에 최소 무항복주의(無降伏主義)라는 집약된 정신력은 있었다. 후퇴나 도피는 없으므로 한 성(城)이 함락되면 극단적으로 병력이 소모되어 대국적인 전세가 기우는 사실은 이 완고한 무항복(無降伏)에 원인이 있는 것이다.

서구의 군대 같으면 최선의 노력을 해도 당해낼 수 없으면 후퇴를 하든가, 만약 후퇴도 불가능하면 쉽게 항복을 한다. 그들은 항복한 후에도 자신을 명예로운 군인으로 생각하며, 또 그것이 군인으로서 살아 있는 그의 가족을 욕되게 했다고 생각하는 법도 없다.

반면 한국의 군대는 거의 가망 없는 전황에 처했더라도 물러가지 않고 생포될 단계에 이르면 자결을 해 버린다. 또 부상을 입고 포로가 되었다는 사실은 자기 자신, 자기 가족, 자기 가문, 자기 마을의 명예를 상실한 것이며 그의 일생은 매장되는 것으로 알았다. 즉 살았어도 사자(死者)였다. 그래서 염병에 걸린 사람처럼 취급받아 사람들도 기피하고, 노동력이 있어도 그의 품은 사지 않았다. 조상의 제사에서도 소외시켜 버렸으니 인간 폐업인 셈이었다.

　병자호란 때 중국에 잡혀간 한국인들은 고국에 돌아가 이 '죽은 인간'으로 살 수 없다 하여 황하(黃河)의 황무지에 고려촌을 만들고 피땀 흘리며 살아야 했다. 괴로워서 울고 망향에 우는 이들의 슬픈 정황이 박지원(朴趾源)의 《열하일기》에 생생하게 묘사되어 있음을 볼 수 있다.

　이기조 부사가 이 한국인 포로의 인수를 거절한 것은 이 같은 '살아 있는 사자(死者)'들을 인수할 필요성에 회의를 느꼈든지, 아니면 이들 자신이 송환되어 죽은 인간처럼 사는 것을 얼마나 두려워하고 있는지를 잘 알고 있기 때문이었을 것이다.

　통상 외교에 실패한 이 미국 극동 함대가 퇴거했을 때, 선상에는 한미 충돌로 닥쳐올 박해에 미리 겁먹고 구명을 요청해온 천주교도 10명, 그리고 인수를 거부당한 부상 포로병 31명이 타고 있었다고 중국 외교 문서에 기록되어 있다.

이름 없는 한국 용사

✽　✽　✽

　포로를 잡으면 눈을 빼어 가루를 내고 오장을 말려 약으로 쓴다는 등의 풍문도 항복이나 포로 기피의 원인이 되었다. 하지만 그것은 그 원인의 표피적인 일부일 뿐 전부는 아니었다. 그와 같은 이유만으로 수백 명의 자결을 합리화할 수는 없기 때문이다. 포로는 죽은 자보다 못하다는 한국인의 가치관이 자결을 미화하였고, 용감하게 싸워서 전사한 사람보다 더럽히지 않고 조용히 자결한 사람을 높이 평가했기 때문에 전사한 가문보다 자결한 가문이 보다 영예로웠고 이름도 길이 남았다. 용감한 것보다 의로움을 높이 평가했던 것이다.

그러하기에 이 48시간 전쟁에서 미군측 기록으로는 가장 용감했던 한 한국 병사의 이름은 전해지지도 않았고 아울러 자결한 많은 병사들이 받았던 정려(旌閭)며 증직(贈職)도 받지 못했다. 퍼붓는 총탄 앞에 창 하나만을 든 채 단신 달려나가 선봉 지휘관인 매키 중위를 쓰러뜨리고 닥치는 대로 창을 휘두르다가 죽은 이 무명 용사는 그의 죽음과 더불어 망각되어 버렸다. 그에게 죽임을 당한 매키의 기념비는 미국 해군사관학교에 의젓하게 서 있는데…….

이처럼 한 나라의 가치관은 그 나라의 한 병사를 두고도 이만한 현실적인 거리를 벌려 놓고 있는 것이다.

광성 포대의 싸움에서 한국의 서민이나 대중이 채찍질에 의해서만 앞으로 가는 '뷰리탕의 나귀'는 아니라는 것을 알 수 있다. 앞에 놓인 당근(비전)을 보고 가는 정신력이 있는데도 불구하고, 양반 계급이 계급 사회의 질서를 위해 서민들의 정신력을 무화할 필요성에 쫓겨 마냥 짓눌러 왔기에 그 정신력이 빈사 상태에 놓여 있었을 뿐이다.

즉 상민이나 천민이 국가나 민족을 사랑하고 또 도의나 상강

(常綱)을 지키면 주체성이 없다고 빈축함으로써 대국적인 가치에서 그들을 소외시켜 버렸으므로 국난(國難) 때마다 총화적 참여가 결여될 수밖에 없었던 것이다.

이상한 대나무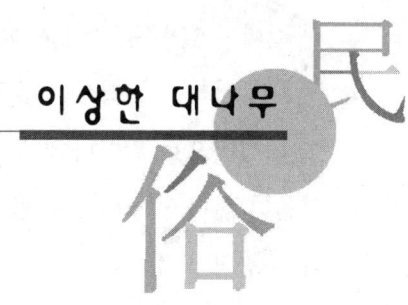

죽창보다 피리가 낫다

❁ ❁ ❁

'대나무가 되려거든 죽창(竹槍)이 되지 말고 피리가 돼라.'는 속담이 있다. '쇠가 되려면 종(鍾)이 되지 말고 쇠창이 돼라.'는 로마 속담과는 대조적이다. 피리가 되지 못하겠거든 차라리 죽창이 되고, 그 중 아무것도 못 되겠거든 민족성을 바쳐온 장대라도 돼있어야 했다.

한민족(韓民族)의 역사를 대나무에 비교해서 훑어보면, 극히 소수의 사람과 짧은 시간 동안만 피리이고 죽창이며 또 장대였다. 하지만 다수의 사람과 긴 시간 동안은 피리도 죽창도 장대도 아무것도 못 되었었다. 정말 이상한 대나무였다. 피리를 불다가 침략자가 있으면 죽창이 되고, 또 불행하게 침략자에 억눌려 살아야 할 때는 장대가 되어야 했을 것이다.

　우리 역사에서 백성들이 국난을 당했을 때 강제에 의하지 않고 자발적으로 일어나 싸운 일은 극히 드물었다. 그 드문 일례 가운데 하나가 제너럴 셔먼호를 둔 평양 관민들의 피리적 요소와 죽창적 요소이다. 많은 기록이, '한불전쟁(韓佛戰爭)에 이긴 대원군이나 조정, 그리고 백성이 안하무인으로 서양 세력을 깔보기 시작했다.'고 하지만 한국인들은 그 우발적인 승리로 피리 부는 일을 포기하지는 않았다.

　그 증거로서 한불전쟁이 끝나고 제너럴 셔먼호가 대동강에 침입하기 두 달 전에 평안도 철산(鐵山) 선천포(仙川浦)에 표착한 미국 배 서플라이즈호를 둔 한국측의 반응을 들 수 있다. 서플라이즈호 선장은 승무원을 대동하고 상륙하였고, 이를 본 한국 관민들은 몇 달 전에 침입했던 프랑스 병사들로만 여겼었다.

　하지만 난파 선원들이 아무런 적의나 반항적 기미도 보이지 않자 철산 부사 백낙연(白樂淵)은 이들을 극진하게 환대했다. 또 조정의 하명을 받고 이들을 불경에 송환시키는 데 한 사람도 빠짐없이 말에 태워 각기 시중 하인을 하나씩 붙여 수행하게 했다. 그리고 의주에 이르러서는 마지막 떠나는 미국 선원들을 위해 크게 잔치까지 베풀어 주었다.

　외국 사학자들은 이 같은 환대의 영문을 모른다 했고, 심지어 한국에 관해 많은 이해를 가졌던 그리피스마저도 '서양인에 대해 적의와 또 그들을 이길 수 있는 자신감이 충천하고 있을 바로 그때 어찌 그 같은 환대를 베풀 수 있었던가에 대해 이해할 수 없다.'라고 기록할 정도였다.

그러나 그것은 불가사의한 일은 아니었다. 한불전쟁에 이겼대서 그들이 생각한 것처럼 한국 관민이 우쭐했던 것도 아니요, 또 서양에 대해 우월감을 가졌던 것도 아니었다. 다만 계속해서 피리를 불고 싶었을 뿐이었다.

약탈이 목적이었던 제너럴 셔먼호 선원들은 평양 초리방(草里坊)의 신장 포구(新場浦口)에 닻을 내리고는, 우리 배를 프랑스 함대의 배에 비겼다간 큰코 다칠 것이라고 공갈하면서 음식을 요구했다. 그러자 평양 관민들은 그들이 요구한 대로 쌀 한 섬, 쇠고기 50근, 닭 25마리, 계란 50개, 장작 20다발을 지급하고 이들을 우대했다.

평양 사람들은 이 신기한 쇠배에 닭이나 계란을 들고 찾아가 태평스럽게 구경을 하기도 했는데, 이 제너럴 셔먼호에 구경갔었다는 지택주(池宅周)란 노인은 당시의 일을 다음과 같이 회고하였다.

'나는 그 이양선이 대동강 한이정(閑以亭) 부근에 있을 때 아버지를 따라 그 배에 올라탔는데 배에서 양(洋) 음식을 차려주어 먹었다. 한데 냄새가 고약해서 삼키지 못했던 기억이 난다. 배는 무척 높고 컸으며 세 아름이나 되는 큰 돛대가 두 개 있었고, 넓은 돛에는 삼줄이 주렁주렁 매달려 있었다.'

이렇듯 한국 관민은 한불전쟁에 이겼대서 우쭐해졌다거나 우월감, 적의를 갖지 않고 다만 피리만 불고 있었던 것이다. 그런데 이 약탈선은 자기네 배를 감시한다 하여 평안 순영(平安巡營)의 중군(中軍) 이현익(李玄益) 일행을 잡아가 배에 가두었고, 대동강을 오르내리는 민간인들의 배에서 양식을 약탈하였으며, 그들이 약탈에 항거한다고 7명을 총 쏘아 죽이고 6명에게 상해를 입혔다.

평양 관민은 더 이상 피리만 불고 있을 수 없었다. 그들은 조상 대대로 외적의 침입을 받았을 때 고을과 나라를 지키기 위해 단련해 두었던 석전(石戰)으로 대항했다. 총포와 돌의 싸움이었던 것이다. 평양 관민이 자발적으로 총동원하였고, 부녀자들은 치맛자락에 돌멩이와 지붕에서 끄집어내린 기왓장을 날라다가 석전하는 그들 아버지나 남편들 발밑에 열심히 돌무더기를 쌓아 주었다.

서글픈 선전 포고장

❋ ❋ ❋

그리피스는 신미년의 미국 침공을 '숯불 속에서 보다 많은 군밤을 구워내려는 원숭이'로 비겼고, 미국측의 요구와 포고에 책임 있는 답변을 할 수 없는 지방 관리를 보냄으로써 회담에 지쳐버리도록 하는 상투 외교 수단을 썼던 한국측을, '이 원숭이에 대항하는 고양이의 발톱'이라고 표현하였다. 원숭이는 이같이 시간이 지연되는 동안 한강 침입을 위한 수로 측량을 하였고, 고양이는 이를 막기 위한 광성 포대의 방위선에 전력을 집중시켰다.

6월 2일, 측량 선단을 지휘하던 호머 브레이크 중령은 이날도 선단을 이끌고 손돌목에 들어섰다. 그가 망원경으로 포대 쪽을 보니 그 포대 위에 노란 깃발 하나가 선명하게 보였다. 망원경을 중국인 통역에게 넘겨 준 그는 무슨 깃발이냐고 물었다. 통역은 '사(師)'라고 쓰인 그 황기(黃旗)를 두고 관군 사령기라고 풀이해 주었다. 이 선단이 떠나기 직전 이 작전을 지휘한 로저스 제독은 브레이크 중령에게 다음과 같은 말을 했다.

"침묵은 동의(同意)를 뜻한 것이다."

이 침묵을 깨고 사령기 아래서 총성이 들려왔다. 그것을 신호로 포대에 은폐된 2백 문의 포문이 열리자 4척의 전함과 상륙선으로 구성된 이 측량 선단의 포문도 열렸다. 브레이크 중령은 손돌목 싸움에 대해 다음과 같이 기록해 두고 있다.

'남북 전쟁 때도 이렇게 짧은 시간에 이처럼 좁은 장소에서 이처럼 많은 포화와 탄우가 쏟아진 적은 없었다.'

한국 관군의 포(砲)들은 포신을 돌릴 수 없이 고정돼 있기에 일정한 사정 반경만 벗어나면 피해를 면할 수가 있었다. 측량 선단은 2명의 부상병을 내고 본 함대와 합류했다. 성난 로저스 제독과 로 공사(公使)는 미국 국기에 대한 모독이라고 분해하며 최후 선전(宣戰)의 통첩을 띄웠다.

5일 후 강화 유수는, '아국(我國)의 인민(人民)은 자국(自國)의 교화(教化)를 받으며 덕택을 입고 살아온 지 어언 4천 년, 천하에 유독 아국만 있음을 아노매라. 고로 아국은 여태껏 타국(他國)을 괴롭힌 일이 없는데 어쩌다 타국이 아국을 괴롭힘은 무슨 도리인가. 더욱이 아국은 극동(極東)에 자리잡고 귀국(貴國)은 극서(極西)에 자리잡아 수천 리를 격한데 그 먼 해양을 건너온 저의가 무엇인가?' 하고, 귀국 선박이 아국의 법령을 무시하고 불법 침입했으니 수수방관할 수 없다는 강경한 의사 표시를 했다. 그런데 흥미 있는 사실은 그 강경한 편지 뒤에 다음과 같은 약소 체질의 미소책을 곁들이는 것을 잊지 않았다는 점이다.

'만리 풍파에 시달려 시장할 테니 약소하나 이 거세한 황소 세 마리와 닭 50수, 그리고 달걀 1만 개를 주겠노라.'

선전(宣戰)과 미소를 곁들인 역사에 둘도 없는 서글픈 포고장이었다. 미국측은 이 야누스적인 두 얼굴을 가진 답장을 받고 모욕이라고 판단했다. 4척의 전함과 12척의 보트에 분승한 6백 51명의 병력은 6월 10일 토요일 오전 10시에 출발, 오후 1시에 강화도 남단인 초지포(草芝浦)를 별다른 저항없이 점령했다. 이 초지포는 '미군이 최초로 싸워서 점령한 아시아 땅'으로 미국 군사(軍史)에 기록되어 있기도 하다.

관모에 대한 집념

❋ ❋ ❋

 정조(正祖) 때 실학자 이덕무(李德懋)는 다음과 같은 실례를 들고 입폐론(笠廢論)을 부르짖어 모자를 둔 내용 개혁에 앞장섰다.

 한 한국 역관이 중국에 들어가 토사우(土砂雨)를 만나 옷이 흠뻑 젖었다. 이 역관은 흙투성이가 된 옷을 버리고 알몸으로 외교 행렬에 들어섰는데, 관(冠)만은 눌러쓰고 있어 화인(華人)들의 웃음을 샀다. 이덕무는 이러한 실례를 들고 서민들이 들에서 비를 맞으면 풀을 뜯어 갓을 가리는 우립(雨笠)을 만드는데 만드는 동안 비가 개기 마련이라 말하고, 그 넓은 양태(凉太)갓이 거동에 주는 제약, 또 망건 대모(玳帽)가 이마에 주는 심한 압박 때문에 한국인이 나태해질 수밖에 없다고 말했다.

 한국 민중의 모자에 대한 집념도 두발을 둔 집념만큼이나 강했다. 개화기에 서양 선교사들이 한국인의 방에 들어갔을 때 어느 곳이 상석인가를 판단하는 기준으로, 갓이 걸려 있는 방향을 상석으로 알면 대과가 없었다는 기록이 있다. 즉 가장 존중되는 방향에 관모(冠帽)를 모셔 두었던 것이다. 싸움이 일어났을 때도 살이 터져 피를 흘린 데 대해 느끼는 분노보다 관을 훼손당한 데 느낀 분노 때문에 살인이나 집단 난동이 일어났던 실례는 허다하다.

 갑신정변이 일어나던 날 밤, 우정국(郵政局) 연석에 민영익

(閔泳翊)이 칼을 맞고 뛰어들자, 김옥균(金玉均)은 황제에게 재빨리 일군(日軍)을 청해 오게 하여 어신(御身)을 보호케 하려는 심산이었다. 물론 거사중이라 이들은 모두 평복 무관(平服無冠)이었는데, 협양문을 지키고 있던 무감(武監)이 이들을 가로막고 못들어 가게 하였다. 황제를 지키는 근위(近衛)의 사명감에서가 아니라 평복 무관으로는 입궐할 수 없다는 이유 때문이었다.

김옥균이 일갈하자 겁을 집어먹은 이 무감은 착관(着冠)의 예장만이라도 갖추어 달라고 애걸하였다. 이 무장에게는 관(冠)이 쿠데타보다 더 중요했던 것이다.

을사조약이 맺어지던 1905년, 당시 궁내부 대신이던 친일파 이재극(李載克)은 일본 명치 천황의 생일인 천장절에 일본 공사관으로부터 초대를 받았다. 잔치가 끝나고 축배를 들어 일본 천황 전하의 만세를 삼창할 때 이재극도 손을 쳐들고 따라 불렀다.

이 얘기가 고종 황제의 귀에 들어가 황제가 이재극을 불러 호되게 꾸짖었다. 한국에 있어 만세란 국왕의 만수(萬壽)를 비는 이외에는 어떠한 다른 뜻으로도 불러서는 안 되었던 것이다. 하물며 임금의 근시(近侍)인 궁내 대신이 5백 년의 전통을 깨뜨렸다는 것이 얼마나 불손한 짓인가고 힐문을 했다. 하지만 낯이 붉어진 이재극에게도 변명할 여지는 있었다.

"신(臣)은 만세라 부르지 않고 반자이(만세의 일본어 이름)라 불렀나이다. 한데 무관(無冠)으로 불렀사오니 성려(聖慮)에 누가 아니될까 하옵니다."

 황제는 그의 변명에 더 말하지 않고 자리에서 벌떡 일어났다. 무관이면 예를 갖추지 않은 것이 되며, 예를 갖추지 않은 행동을 들어 책망한다는 것은 쑥스런 일이라 생각되었기 때문이었다. 개화기의 보수 관념에 있어 모자가 차지한 비중은 그만큼 큰 것이었다.

망건을 벗어버린 이유

❋ ❋ ❋

 1890년대 농상공부(農商工部)의 주사(主事)였고, 민속학과 국학에 많은 업적을 남긴 무능(無能) 이능화(李能和)는 개화기 서민으로서 개화 의식에 투철한 엘리트였다.

 호서 괴산군 대학촌의 한 농가에서 태어난 그는 열다섯 살에 상투를 틀고 망건에 관을 썼다. 무능은 상투 망건이 어찌나 아팠던지 이내 팽개쳐 버리고 말았다. 관(冠) 없는 어른이라고 지탄(指彈)에 소탄(笑彈)까지 받고, 심지어는 이탈망(李脫網)이란 망측한 별명을 얻기까지에 이르렀다.

 《대학(大學)》을 익힐 때도 학속(學俗)으로 신어야 하는 삼승버선(三乘襪)을 신지 않고 배웠으며, 스승이 마미 망건(馬尾網巾)을 써야 한다고 타이르면 마미 망건(魔尾網慂)이 생기기 때문에 쓰지 않겠다고 대꾸하곤 했다.

1900년 영불(英佛) 등 연합군이 천진(天津)·북경(北京)을 함락하고 지나 북방에 준동하는 척양 척병(斥洋淸兵)들을 무찌르려고 할 때, 한 프랑스인이 서울까지 와서 군량(軍糧) 운송인을 모집하고 있었다.

이때 무능의 외국어 학교 동창생인 임운(任運)이 응모하여 한국인 용병(傭兵)의 감독 겸 영불어(英佛語) 통역관으로 일하게 되었다. 임운은 무능과는 달랐다. 불진(佛陣)에서 일할 망정 조선인의 긍지를 가지고 망건에 양태 갓을 꼬박꼬박 쓰고 다녔다. 프랑스 병사들은 심심하면 이 통역관의 갓을 잡아당기며 놀리곤 하였다.

임운이 병에 걸려 천진에 있는 홍십자 병원에 갔을 때의 일이다. 프랑스 의사로부터 뇌염이라는 진단을 받고 입원을 했는데 담당 간호사는 영국 아가씨 존이었다.

"머리가 꽤 아프실 거예요."

"예, 두통이 아주 심한데 왜 그러죠?"

"제 생각에는 그 망건 이외에는 아플 이유가 없는 것 같은데요."

임운은 서양 여인들이 코르셋으로 허리를 죄어매고 다니면서 아픈 것을 못 느끼듯 한국 사람도 망건으로 머리를 죄어매고 있어도 아픔을 느끼지 않는다고 응수했지만, 그녀 말에 가시가 있음을 느꼈다.

그런 연후 임운은 망건을 아예 벗어 버렸다. 그 후 병이 나아

북경에 돌아와서 때마침 북경에 외유(外遊)중인 무능을 만나 망건 때문에 서양 여인으로부터 면박당한 사실을 이야기했다. 무능은 어렸을 때 자기가 한 일을 생각하고 크게 웃었다고 한다.

고개 숙이지 않는 신채호

❋ ❋ ❋

한국인의 두관(頭冠)에 관한 집념은 존두(尊頭)·존우(尊右) 사상의 소치로, 법도 있는 선비들은 왼손으로 체질적으로 머리를 긁는다든지 하늘이나 산신·임금·부모·스승 등 존상(尊上) 이외에는 결코 고개를 숙이지 않았다.

한말의 지사 신채호는 존두의 전통을 지켜 내린 전형적인 선비였다.

'단재(丹齋, 신채호)는 하얀 얼굴에 까만 수염이 코밑에 약간 있는 초라한 샌님으로, 머리는 빡빡 깎고 또 그 머리가 뾰족하게 솟아났으며 풍채가 그다지 좋은 편은 아니었다. 옷 동정에 때묻은 검은 무명 두루마기 옷고름도 아무렇게나 주어 매고 옷섶은 구겨졌으며, 꾀죄죄한 버선에 메투리를 신어 누추했다. 오직 그에게 비범한 것이 있다면 눈이었다. 누구의 말도 아니듣고 아무것도 두려워하지 않는 인상을 주는 그런 이상한 눈빛이었다.'

한때 망명중의 신채호를 모셨던 춘원(春園) 이광수(李光洙)의 회고담이다.

그는 또 어느 누구에게도 어떤 것에도 머리를 숙이지 않는 신채호의 고집스러운 개성을 인상적으로 말하고도 있다. 그는 일상 생활에서도 그러했기에 세수를 할 때 빳빳이 선 채 물을 퍼서 얼굴을 씻었으므로 그 물이 옷을 적시기 마련이었다. 빈한한 망명 생활이요, 갈아입을 옷도 없는 단벌 옷이기에 세수를 하고 나면 세수할 때 젖은 옷을 말리는 것이 하루의 일과였다.

이광수가 그 옷 말리는 심부름에 지쳐, 머리를 숙여 세수하시면 이런 일이 없지 않겠습니까라고 말하면, "뭐? 세숫대야 같은 천물(賤物)에 고개를 숙여? 그게 무슨 법도인가!"하고 호통을 쳤다 한다. 그리고 이미 습성화되어 고개가 숙여지지 않는다고 말했다.

두상 존중의 습속은 지극히 불합리한 것이다. 하지만 전통적 정신에의 집념은 한국인에게 있어 합리적인 것보다 강했고 이것이 곧 한국인 고유의 가치관이기도 했다. 물질에 구심하는 가치관은 지금은 몰락하는 서양 문명처럼 합리적이지만 정신에 구심하는 가치관은 합리성에 구애받지 않는 것이 특징이며, 우리 조상들은 이 같은 정신적 가치에 그토록 매서웠던 것이다.

황희주의(黃喜主義)

반구정(伴鷗亭)

❋ ❋ ❋

갈매기와 더불어 산다는 반구정에는 5백 년 전과 다름없이 갈매기가 날아들고 있다. 옛 선조들에게 있어 갈매기는 산수(山水)의 상징이었다. 워낙 영물(靈物)이라 사람의 기심(機心)을 잘 알아차려 만약 산수에 뜻이 없는 자가 산수에 뜻 있는 양하여 갈매기와 친하려 하면 가까이 날아온다는 법이 없다고 한다.

한데 필자가 올라섰던 이 반구정에도 갈매기가 처마를 스쳤으니 별일이다. 산수와는 아랑곳없는 한 속인 앞에서도 날고 있으니 정녕 현대의 갈매기는 정자에 오른 사람의 기심을 헤아리기 전에 자신의 기심을 잃고 있음인가.

그렇지 않다면 5백 년 전 이 반구정에 살던 정자 주인의 덕이 너무 컸기로 그 후광 때문에 후에까지 반구(伴鷗)를 해주는 것일까. 혹시 이 정자 주인의 청백함이며 상고(尙古)함이며 그 도량을 기리기 위해 찾아온 것을 알고서 날아온 것일까. 60여 년간 관직에 있었고 그 중 27년을 정승 자리에, 정승 자리에서도 18년 간을 영의정 벼슬에 있으면서 조선 왕조 초기 정치의 기반을 안정시켰던 황희(黃喜), 그분의 정치적 공덕은 고사하고 인간됨에 홀려 찾아든 것을 알아차리고 날아든 것일까.

정말 황희의 인간됨에 관한 일화들은 담담한 한폭의 수채화 같다. 그 수채화로 지금 구절병풍(九折屛風)을 환상 속에 만들어 보자.

그 일절(一折)은 꾸밈없는 그의 사랑방이다. 아손(兒孫)과 동복(童僕)들이 공 앞에서 더러는 희롱하고 더러는 울부짖고 있다. 그 중 한 놈은 공의 수염을 뽑는가 하면 어느 한 놈은 뺨을 치는 놈도 있는데 공의 안색은 자약하다. 그 소동 틈에서 하관(下官)들과 정사를 의논하면서 붓글씨를 쓰고 있는데, 종의 아이 하나가 그 공문서 위에 오줌을 싸고 있다. 그러나 공은 아무런 노여운 빛 없이 손으로 그 오줌을 훔치고 있다.

이절(二折) 역시 그의 사랑방이다. 당시 정언(正言) 벼슬이던 이석형(李石亨)이 방문했는데, 공이 강목(綱目)과 통감을 내어 이석형더러 제목을 쓰게 하고 있다. 방 밖에 추하게 생긴 여종 하나가 안주상을 들고 벽에 기대어 서 있다. 여종의 안색은 마냥 못마땅한 눈치다. 기다리다가 지친 여종은 "어찌 그리 꾸물

거리누."하고 큰 소리로 주인을 나무란다. 공은 웃으면서 그럼 들여오렴 하였더니 술상 따라서 아이들이 남루한 차림에 맨발로 들어와서 공의 수염을 잡아당기기도 하고 더러는 공의 옷을 밟고 안주를 다 집어 먹는다. 공은 아야 아야 하고만 있다. 이 아이들은 모두 노비의 자식들이었다.

삼절(三折)은 공의 집 창밖에 있는 늦복숭아나무…….

이웃집 아이들이 그 복숭아나무에 달라붙어 모조리 따먹고 있다. 들창을 들고 공이 얼굴을 내밀며 나지막하게 말한다.

"다 따먹지 말아라. 나도 좀 맛보아야지."

나무랄 줄 알았던 아이들은 공의 온화한 목소리에 안심하고는 하나도 남김없이 다 따먹어 버린다.

사절(四折)의 수채화에는 그의 동산에 있는 배나무가 그려져 있다. 동네 악소(惡小) 하나가 돌팔매질을 하여 무르익은 배가 뜰에 가득 떨어져 있다. 이때 공은 큰 소리로 시동(侍童)을 부르고 이에 놀라 팔매질한 악소는 도망을 친다. 그가 담 밑에 숨어서 가만히 들어본 즉, 그 시동을 시켜 그릇을 갖고 오게 하여 떨어진 배를 손수 주워 담더니, 그 젊은이를 찾아서 갖다주라고 시킨다.

오절(五折)은 공의 집 으슥한 마당 구석이다. 그의 젊은 여종과 사내종이 지나치게 희롱을 하고 있다. 공이 지나다가 흘깃 보고는 그저 웃기만 한다. 이에 두 남녀 종은 공 앞에 엎드려 사죄를 한다.

"노예도 역시 하늘이 내신 백성인데 천성까지 함부로 다스리리요."

공은 노예의 인간성을 보장해 주어야 한다는 요지의 글을 써서 자손 만대에 전해내리도록 한다.

육절(六折)의 배경은 공의 장남 호안(胡安) 호조판서(戶曹判書)의 새로 지은 집이다. 새집들이로 만조백관(滿朝百官)을 초대한 잔치 광경이다. 물론 공도 그 집을 찾아드는데, 집안을 두루 돌아보더니 아무 말 없이 나가버린다. 그러자 그 자리에 앉아 있던 백관들이 불안해 하면서 하나 둘 자리를 떠난다. 이에 크게 뉘우친 호안은 그 이튿날부터 이 새 집을 부수어 조촐하게 낮추어 짓는다.

칠절(七折)은 공의 초라한 집에 세종이 방문하는 장면이다. 임금이 방 안에 들어와 보고 놀란 기색을 하고 있다. 왜냐하면 적어도 일국의 명망 높은 재상집인데 화문석은 아닐지라도 장판쯤 깔린 평범한 방일 것이라는 선입감이 크게 배신당했기 때문이다. 그가 잠자는 방바닥에 짚 명석이 깔려 있었던 것이다.

팔절(八折)은 노비 싸움에 개입한 유명한 공의 도량이 그려진 수채화다. 싸우던 노비 하나가 공 앞에서 자기와 싸운 노비의 잘못을 낱낱이 말하고 자기의 정당성을 주장한다. 이에 공은 "과연 네 말이 옳다."라고 한다. 이때 싸움을 한 다른 노비가 들어와 자기와 싸운 노비의 잘못을 낱낱이 말하고 자기의 정당성을 주장한다. 이에 공은 여전히 "과연 네 말이 옳다."라고 대꾸

한다. 이 모순된 판결을 옆에서 보고 있던 공의 조카가, "사물에는 일시일비(一是一非)가 있는 법인데 쌍방이 다 옳다고 하시니 아저씨는 왜 그다지 몽롱한 말씀을 하십니까?" 하고 항변을 했다.

이에 공은 태연히, "네 말도 또한 옳다." 했다. 공사(公事)에는 날카로워도 사사(私事)에는 너그러움의 품도가 훈훈하게 배어 나오는 화면(畵面)이다.

그리고 마지막 구절(九折)의 화폭을 보자. 한양(漢陽)의 길거리에 많은 유생들이 오간다. 그들은 세종대왕이 숭불(崇佛)로 기울자 "전하께서 숭불하시므로 여러 유생들은 모두 돌아가 중이 되고자 합니다." 하고 상소하는데 이들이 바로 동맹 휴학이랄 권당 시위를 한 성균관 유생들이다. 이에 호응하여 집현전(集賢殿) 학사들도 간언 끝에 집현전을 비우기에 이르렀다.

이때 임금은 눈물을 흘리며 공에게 말하기를, "집현전 학사들이 모두 나를 버리고 갔으니 장차 어찌하면 좋겠소." 했다. 공은 몸소 여러 학사의 집을 두루 돌아다니며, 집현전에 나오기를 간청한다. 그렇게 설득하고 다니는 공이 길 가운데서 유생들과 만나는데 유생들은 마냥 공을 앞에 두고 면박을 한다.

"네가 소위 정승이 되어 일찍이 임금의 그릇됨을 바로잡지 못한단 말이냐."

공은 이 면박에 조금도 노여워하지 않고 속으로 기뻐하는 표정을 짓는다. 왜냐하면 이 유생들의 기개가 앞날에 빛을 던져주는 것임을 알기 때문이다. 임금의 숭불에 제동을 걸고 집현전과 성균관을 정상화시키는 데 공의 이 같은 거시적인 안목이 없었다면, 극단으로 치닫는 배리(背理)의 화(禍)는 나라를 어지럽히기에 충분했을 것이다. 후세의 당쟁과 사화 때마다 임금이 한탄하기를, "방촌(厖村, 황희의 호)만 있었던들……."하고 입버릇처럼 말하지 않았던가.

지금 반구정의 사벽(四壁)에는 이 같은 환상의 구절병풍(九折屛風)이 파노라마처럼 둘러져 있다. 그리고 그 복판에 85세 때의 풍모인 '홍안백발 망지약신선(紅顔白髮望之若神仙)'의 공이 남루한 옷차림으로 앉아 있고, 갈매기가 어깨에 혹은 무릎에서 퍼드덕거리며 흰머리를 날리고 있다.

구절 병풍에 어수선하던 유생이며 노비며 동복(童僕)이며 악소(惡小)의 현란이 갈매기로 승화되어 난다. 많은 옛 문헌에 주춧돌만 남아 있어 갈매기도 날아오지 않는다 하더니, 이제 정자 아래에 사는 후손들이 그 주춧돌에다 옛 모습을 되살리니 갈매기가 날아옴은 이 담담한 수채화의 구절 병풍을 환상 속에 투시할 수 있기 때문일 것이다. 갈매기는 기심에 예민하니까.

맹목적인 충성 습속

김덕생의 형사(刑死) 사건
❋ ❋ ❋

　태종 정란(靖難) 때 이천우(李天佑) 등과 행동대로 활약하여 공신이 된 김덕생(金德生)은 소문난 명사수이기도 했다. 어느 날 태종이 후원에 있는데 호랑이가 나타났다. 한말까지만 해도 지금의 청와대 근처에 금호방(禁虎榜)이 붙어 있었고 또 호랑이가 경복궁에 침궐했다는 기록도 발견되고 있으므로 이 무렵의 호랑이 침궐은 충분히 있을 수 있는 일이었다. 이때 가까이 있던 김덕생이 재빨리 활을 잡아 일시(一矢)에 호랑이를 쏘아 죽였다.
　이 사건으로 인해 조정이 시끄러웠다. 일부에서는 충성스런 일이라 하였고, 일부에서는 아무리 임금을 위한 일이라 하더라도 임금을 향해 활을 쏜 것은 대역죄에 해당된다고 맞섰다. 백발백중의 명사수라 할지라도 일시(一矢)가 빗나갈 가능성은 항상 있는 것이고, 그 가능성이 있는 한 호랑이가 아닌 임금이 죽을 수도 있기 때문에 이는 대역(大逆)에 해당된다는 것이었다. 이 사호(射虎) 사건은 김덕생에게 불리하게 전개되어 형사를 당했다.

김덕생의 죽음은 성리학의 부작용인 '소피스케이트'된 고식사상(姑息思想)의 한 현실적인 적용으로 주의를 끈다. 억울하게 죽은 많은 사람을 후세 사람들이 전설 속에서 그 원을 풀어주듯이 김덕생도 그런 전설의 주인공이 되었다. 그 하나를 인용해보자.

세종 때 침전 밖에서 신 끄는 소리가 나길래 괴이하게 여겨 누군가고 물었더니 태종 때 형사당한 김덕생이라면서, "원한을 품고 이승과 저승 사이에서 방황한 지 무릇 몇 해를 넘기게 되었으니 넋이라도 저승에서 편히 쉬게끔 해원(解寃)을 해주십시오."라고 하더라는 것이다. 세종이 김덕생의 형사에 관한 판례에 항상 회의를 품고 있었다는 것으로 미루어 그 같은 꿈을 꾸었을지도 모른다. 세종은 동지중추부사(同知中樞府事)의 벼슬을 증직(贈職)하고 충간공(忠簡公)이라는 시호를 내림과 동시에 그의 뼈를 고향인 영광(靈光)에 운구하여 낭월산(朗月山) 아래에 묻고 제사를 지내주었다.

이러한 일은 한국인의 의리(義理)와 실리(實利)를 둔 가치 편중의 비중에 의해 평가할 수가 있다. 이 두 가지 중용에서 실리 쪽으로 강한 사람과 의리 쪽으로 강한 사람으로 나누어진다. 그런데 조선 초기에서 중기에 이르는 동안의 '모럴'은 인간의 가치를 의리에 두었다. 어떤 인간 행동을 두고 의리에 극단적으로 가치를 두었다고 하여 지나치다는 법은 없다. 임금 쪽으로 화살을 겨누었다는 의리에 배반된 문제가 임금을 구했다는 실리보다 우선되었기 때문이다. 의리에 편드는 당대의 모럴은 비록 임금이 호랑이에게 물려 죽는 일이 있더라도 임금 쪽으로 화살을 겨누는 비리(非理)는 마땅히 역죄로 다스림받아야 한다는 것이 조정의 중론이었던 것이다.

선조 때의 일이었다. 조정에서는 새로운 군비 정략(軍備政略)으로 훈련도감을 신설하고 신무기인 조총을 만들어 당시 영의정이었던 유성룡이 직접 어전에서 시험 방포를 하였다. 이 사건을 두고 의리 논쟁이 다시 불붙었다. 화약이라는 불측한 물건을 어전에서, 하물며 상신(相臣)이 방포한다는 것은 비리(非理)라는 상소가 올라온 것이다. 그 소두(疏頭)가 박동현(朴東賢)이었다. 그는 직접 어전에 나아가, "성상(聖上)께서는 국가의 중흥을 바라지 않습니까?" 하고 대담한 항의를 하였다. 한 나라의 수상(首相)이 어전에서 방포한다는 것이 그 체모가 무엇이며 그런 판국에 나라의 중흥을 바라겠느냐는 것이었다. 이때 선조는 묵묵부답이었고 유성룡은 그 후에 들어와 옳은 말이라고 수긍했다 한다. 나라의 중흥이 병비(兵備)라는 실리보다 체모라는 의리에 보다 가치를 두었던 사회에서 있을 수 있는 일이었다. 그리고 병비 때문에 파죽지세로 임진국란(壬辰國亂)을 겪고 또 병자국란(丙子國亂)을 겪은 다음에도 우리 선조들은 유성룡의 실리 정치보다 박동현의 의리 정치를 옳고 바르다고 생각해왔던 것이다.

이와 같은 의리 지상의 사고방식은 맹목적인 충성 생리를 빚었다. 맹충(盲忠)이라 하여 야사(野士)들 간에 빈축의 상대까지 되었던 이 성향은 아부 생리와는 별도의 한국인 체질로서 이해돼야 할 것이다. 아부는 실리를 위한 자기 포기인 데 비해, 맹충은 의리를 위한 자기 포기이기 때문이다.

잘린 손에 쥐어 있는 관인

❋   ❋   ❋

세종 때 천문 과학자 김조는 천문 측정기인 간의대(簡儀台)와, 천추전(千秋殿) 서쪽 마당에 흠경각(欽敬閣)을 짓고 자격루(自擊漏)를 만든 사람으로, 벼슬이 옮겨질 때마다 몽은제(蒙恩祭)를 올리는 충신으로서도 이름났었다. 또 그의 이름은 임금에게 무분별한 맹종을 뜻하는 대명사로서 후세에 곧잘 인용되기도 했다. 임금의 분부나 행실이 아무리 사리에 어긋나고 악의 소행이라 할지라도 맹종해야 한다는 사상을 몸소 실천한 사람이었기 때문이다.

세종이 평소의 소원을 묻자 "백년 동안 날마다 어탑(御榻)을 모시고 금규화(金葵花) 앞에 엎드려 진퇴를 묻기를 원합니다."라고 대답했던 그였다. 이와 같은 맹충 습속은 다음과 같은 극한적인 인간 상황에서 얼마만큼 한국인에게 체질화되었던가를 가늠해 볼 수가 있다.

정기(鄭蓍)가 가산(嘉山) 원〔郡守〕으로 있을 때, 아우 질과 더불어 가산에 있다가 홍경래의 난을 당했다. 기가 피난을 권했으나 국적(國賊)을 막아야 한다고 관군을 독려하여 싸우다가 삼부자(三父子)가 함께 죽임을 당했다. 이 정씨 삼부자의 죽음은 처참하기 이를 데 없었다.

가산성을 함락하고 관가로 쳐들어온 반란군은 군수 정기에게 빨리 당하(堂下)로 내려와 무릎을 꿇고 항복하고 임금의 표신(標信)인 관인을 바치라고 호통을 쳤다. 정씨 삼부자는 단정히 앉아, "관인은 임금이 내린 것인데 목숨이 다하기 전에 내줄 것 같으냐." 하고 창과 칼로 위협하는 난군을 크게 꾸짖었다. 난군이 무릎을 꿇으라고 호통을 치자 차라리 무릎을 자르라고 버텼다. 난군이 강제로 꿇게 하였으나 너무 완강히 버티자 발을 잘랐다. 그러나 정기는 남은 다른 한 발마저 꿇지 않으려고 버티다가 그 발마저 잘렸다. 하반신을 잘리고도 그의 손에는 관인이 악착같이 쥐어 있었으며 쥔 손을 칼로 잘라내자 다른 손으로 재빨리 쥐었다고 한다.

임금에게 죽으라는 충심

❇ ❇ ❇

　맹충과는 대조적으로 충(忠)의 대상이 임금이란 개체가 아니라 임금이 상징적으로 대신한 나라라는 정상적 사고에서 대담하게 의리를 구제한 의충(義忠) 성향도 자주 찾아볼 수가 있다.

　인조 효종 연대의 명신 이후원(李厚源)은 의형(義衡)이라는 별명으로 불렸다. 이 이름은 사소한 인간사에서 국사에 이르기까지의 모든 일들을 두고 얼마만큼 의롭고 의롭지 않은가를 재어보는 '인간 저울'이라는 뜻이다. 무슨 일에 대한 그의 판단이 바로 의로움의 바로미터가 되며, 그러므로 그만큼 영향력을 가졌었다는 뜻이 되기도 한다. 그는 임금에게 나라를 위해서 죽어야 한다는 전무후무한 대담한 발언을 한 사람이었다. 남한산성에서 굴욕적 강화가 진행되고 또 세자의 인질 문제로 침통해 있을 때 그는, "이 지경에 이르렀으니 임금은 오직 나라를 위해 죽고 신하들은 임금을 위해 죽어야 한다."고 역설했다.

　김덕생의 사호(射虎) 사건이나 유성룡의 방포(放砲) 사건 등에서 알 수 있듯 임금에 대한 비합리적 존앙 사고에 사로잡혀 있을 때, 임금에게 죽음을 권고할 수 있었음은 그에 대한 당대의 신망과 그 자신의 영웅적인 용기, 또 그 자신의 인간적 성숙 없이는 불가능했을 것이다.

　"이 후원은 오활(五闊)하다." 하고 항상 임금은 말했는데 이 말은 그의 주장이 실제와는 너무 동떨어졌다는 말이다. 이것은

의(義)란 항상 현실에서 멀고 과거나 미래에 가깝다는 이치에서 임금이 체험한 바를 솔직히 말한 것으로 보인다.

이후원은 악신 김자점(金自點)을 유배 보내자고 극력 주장하였다. 그렇게 하는 것이 미래에 옳은 일이라는 것을 임금도 알았다. 하지만 그가 부식한 세력의 저항은 병란통에 상처투성이인 조정에 혹심한 후유증을 몰고온다는 것을 아는 임금은 주저했다.

또 그는 유생의 권당(捲堂, 동맹휴학)에 대해 강경 조처를 취하는 것에 반대하고 그들의 뜻을 받아들이며 관용을 베풀 것을 주장하였다. 하지만 임금은 이 유생들의 권당을 일종의 반란으로 여기고 권력으로 억누름으로써 당세적이고 시간적인 평정이 보다 절실했던 것이다.

역사는 항상 근시적인 것과 원시적인 것의 갈등 틈에서 근시적인 것의 우세로 유지되어 왔으며, 당세적(當世的)인 어떤 사건을 다루었을 때, 즉 근시적인 안목보다 원시적인 그것이 우세했을 때 우리는 그 시대적 간격을 좋은 세상이라고 말해 왔던 것이다. 이후원은 임금으로부터 들은 오활(五闊)이라는 오명에 느낀 바가 컸던 것 같다. 그는 광주(廣州) 선영(先塋) 곁에 집을 짓고 살았는데, 그 집 이름을 '오재(迂齋)'라 이름지었다. 이것은 비당세적(非當世的) 이성(理性)의 표현이기도 하다.

한국인의 상고 보수성

틀리게 죽은 장모

양근(揚根, 양평) 지방에 다음과 같은 이야기가 구전되고 있다.

한 백성이 장모가 죽자 글 잘한다는 한 유생을 찾아가 축문을 지어달라고 부탁하였다. 이 유생은 예서(禮書)를 뒤적거리다가 잘못하여 처(妻)가 죽었을 때 읽는 축문을 적어 주었다. 어딘가 이상하게 여긴 유생이 잘못된 것이 아닌가고 물었더니, "이 축문은 버젓이 책 속에 있는 것이니 틀릴 리가 없다. 잘못된 것이 있다면 댁사람들이 틀리게 죽은 것이지, 나하고는 상관없는 일이다."하고 돌아앉았다 한다. 글에만 집착하고 책에 있는 것이면 절대적인 것으로 알았던 상고 보수성(尙古保守性)의 한 어긋

난 당착(撞着)을 적절하게 가르쳐 주는 이야기이다.

우리 선조들은 이미 있는 것이면 그것이 있을 수 있는 가치를 충분히 인정하였다. 즉 과거의 사실, 선례(先例) 속에서 법칙적인 기준을 찾았다. 과거의 한 사례는 과거의 선인들에 의해 경험된 것으로, 확실하고 안정된 것이다. 그 과거의 것을 숭상하고 그것을 좇아 사는 사고 및 행동 습속이 체질화되었으며 그것이 상고 보수 성향으로 정착한 것이었다. 그러기에 학문도 옛 것이 충실하게 전승될 뿐 창의나 발전은 있을 수 없었다. 훌륭한 지식인이란 옛 것을 얼마만큼 정확히 많이 아는가로 평가되었고, 과거의 것을 전승시키는 책은 현대가 갖는 책의 개념 이상의 가치를 지니고 있었다.

조선 개국 후 혁신에 대한 백성들의 반감은 무척 팽배해 있었다. 이 같은 국민 감정은 혁신 정책이 상고 보수 성향에의 배신이라고 생각한 데서 비롯되어 태조의 쿠데타에 대한 반감이 그에 야합한 것이며, 제도 개혁을 과감하게 했던 하륜(河崙)·조준(趙浚) 등에 대한 백성들의 원한이 그 감정을 대변해 준다.

이와 같은 조선 초기의 혁명에 대한 반감을 완화시킨 사람은 유수한 보수 정치가 황희(黃喜)였다. 그는 백성들에게서 유리된 반체제적인 조정을 체제적 테두리 안에 안정시켰다. 한국인의 상고 보수성에 맞는 정치를 한 것이다.

'국사(國事)를 의논할 때에는 전례를 잘 지켜 고치고 바꾸기를 좋아하지 않았다.'

더러 옛 제도를 변경하려고 의논한 자가 있으면 그는 반드시 "신이 변통하는 재능이 부족하오니 무릇 제도의 변경에 있어서는 의논할 수가 없습니다."하여 거부하곤 했다.

황희의 사고방식이나 행동 및 정치 철학은 과거의 것, 과거의 연장인 현재에 있는 것에 이단(異端)을 인정하지 않았다. 있을 수 있었으니까 있었으며, 있었으면 존중한다는 것이다. 비판적 사안(史眼)은 죄악이었다. 그러기에 현재의 일들에 무한히 너그러웠다.

어느 한 쪽의 의견에 동조하지 않고 이 의견도 저 의견도 옳다고 말한 그 유명한 황희의 고사는, 한국적 보수 성향이 형성한 너그러움과 무기력함이 얼마나 큰 것인가를 보여주고 있다. 이와 같은 상고 보수성의 부산물인 사고 방식은 신진사류(新進士流)들로부터 비난을 받기도 했다.

언젠가 그는 길에서 성균관 유생들을 만나 면박을 당한 일이 있었다.

"소위 정승이란 자가 임금의 그릇됨을 시시비비 가리지 못하고 받아들이기만 한단 말이냐."

어느 시대건 혈기 넘치는 젊은 유생들은 혁신적이고 진보적이기 마련이다. 이 극단적 성향의 유생들에게 있어 황희의 보수적 너그러움은 대치된 극한일 수밖에 없고 아울러 이 같은 비난을 받을 만했으며 면박을 받았다고 해서 노여워할 황희도 아니었다. 이 같은 상고 보수의 관용 정치는 그 후 이승소(李承召) · 강

사상(姜士尙)·상진(尙震)·김수동(金壽童) 등 장수 정승들에게 전승돼 내렸고, 대개 이런 성향의 정치를 한 사람은 그것이 한국인의 체질에 영합됐기 때문인지 명상(名相)이라 칭송되었으며, 그것은 반드시 현대에도 예외가 아니었다.

현실 영합 정치
❋ ❋ ❋

이승소는 문장으로도 이름났고 의약·지리·병형(兵刑) 등 실학에도 밝았으며, 그의 너그러운 인간 관계 또한 많은 일화를 남겨 놓고 있다. 그가 예조판서로 있을 때 한 낭관(郎官)이 날마다 술만 마시고 공무를 게을리하였으므로 동료들이 그를 내쫓고자 판서에게 품계를 하였다. 이에 그는 크게 웃으며 허승(許承)이 오랜 시일 동안 귀가 먹어 잘 듣지 못했으나 장관은 차마 그를 내쫓지 않았다는 한(漢)나라 고사를 들고, "지금 그 낭관이 술에 취해 있지만 깨어 있을 때도 많으니 어찌 내쫓으랴."하였던 것이다. 그의 도량이 엿보여지는 일화라 할 수 있다.

이와 같은 관용 정치의 단점인 무기력과 무저항은 난세(難世)를 당하여 무조건 영합하는 지당(至當) 정치 성향을 빚어 놓았고, 정계의 지당 성향은 차츰 아부 성향으로 변질되어 갔다.

여기 연산조의 상신(相臣)인 김수동의 과도적 성격을 잘 대변해 주는 일화를 소개하고자 한다. 김수동은 서생 때부터 영의정에 이르기까지 아무도 그를 시비할 수 없었던 모나지 않은 원만한 정치가였다. 더욱이 혼조(昏朝)인 연산군 시대에 그러할 수 있었던 것은 그의 인격적인 크기와 깊이를 알 수 있게 해준다.

연산조 때의 그의 행적은 다음과 같다.

"임금에 대해서는 죄를 짓지 않고 아래로는 사람을 구해 살렸다. 공의 힘으로 목숨을 보전한 이가 많았다. 연산군을 내쫓는 중종 반정 때도 주모자인 성희안(成希顔)이 가서 말하니 함부로 굽혀 따르지 않고 조급히 굴지도 아니하고 조용히 헤아린 뒤에 행동하여 사람들이 공의 도량에 탄복하였다."

연산군의 단상법(短喪法)에 저항하여 죽임을 당하거나 유배 당하고 갇힌 사람이 숱하게 많았다. 이에 대해 김수동도 저항을 느꼈지만 순응하였다. 그리고 반정 후에 다시 단상으로 못 치른 나머지를 치렀다. 이와 같은 처세는 한국의 어느 역사적 시간에서도 가장 현명했다는 사실과 동시에 바로 한국인의 약점을 형성해 온 주요한 요인이기도 하였다. 사실 마이너스적 가치 요소가 많았던 한국 역사는 항상 당시 사람들에게 집념의 쓸개가 없기를 강요해 왔고, 그 쓸개를 없애지 않은 사람은 모두 비극의 주인공이 되게 해온 것이다. 그렇게 역사가 흐르는 동안에 한국적 사고 방식인 당세적(當世的) 표변(豹變)의 가벼운 기풍으로 정착하였다.

이와 같은 당세 영합적 성향 중에서도 미움받는 성향과 우러름받는 성향으로 양분되는데 김수동은 우러름받는 성향의 전형적 인물이었다. 사실 한국 역사에서 발전적 요인을 이룬 가장 큰 저력을 들라면 이와 같은, '우러름을 받는 당세적 영합'이라 할 수가 있다. 이를테면 개화기 때 쿠데타를 일으킨 김옥균(金玉均)의 과격한 개화 행동이 한국 개화를 위해 이루어 놓은 일의 분량보다, 당세 영합을 한 김윤식(金允植)이 이루어 놓은 개화 작업의 분량이 많았다는 것도 그러한 예증이다. 하지만 김윤식이 세상을 뜨자 당세 영합적 성향 때문에 약간의 원망을 받았듯이 김수동도 약간의 아쉬움을 선비 사회에 빚었던 것만은 부인할 수가 없다.

북관 기질

묘향산형 범간 설화

❋ ❋ ❋

'깊은 산 속에서 날이 저문다. 포수(나그네라도 좋다)가 등불 켜진 외딴 집에 찾아든다. 예쁜 여자가 혼자 산다. 그 여자와 정교를 한다. 그런데 그 여자의 남편이 사냥에서 돌아온다.'

이런 유형의 설화는 온 반도에 너무도 흔하게 분포되어 있다.

한데 남편이 돌아온 후에 벌어지는 이야기의 연속(連續)은 지방에 따라 완연하게 다르다.

기호 지방에서는 침입자보다 불륜의 여자를 추방하고, 영남 지방에서는 여자보다 침입자를 추방한다. 그런데 서북 지방에서는 오히려 침입자를 환대하고 그 대가로 물품을 얻어낸다. 기호형의 전개에서 문화적인 자제 기질을 보고, 영남형의 전개에서 원시적인 투쟁 기질을 보며 서북형의 전개에서 타산적인 실리 기질을 볼 수 있다.

이것은 풍토학(風土學)의 기질 분류와 부합된다. 묘향산에서 채집된 박천 포수(博川抱手)의 범간 설화는 서북 타입대로 남편에게 대환영을 받고 여자도 얻었으며, 짐승 가죽을 수백 짐 얻어 거부가 된다. 이 침입자는 소금 몇 짐만 날라다 주는 일로 돈과 여자를 얻은 것이다.

그런데 이 묘향산 설화는 다음과 같은 대목에서 서북 타입과는 이질적이다. 박천 포수는 예쁜 자기 아내를 미련없이 떠맡기는 남편을 이해할 수 없었다. 이때 남편의 대꾸는 이러했다.

'사내가 양(陽)이요, 계집이 음(陰)인데 사람에 따라 음에 양의 기운을, 양에 음의 기운을 어느 정도 지니고 있다. 사내가 계집에게 정드는 것은 양이 음 속에 깃든 동류의 양에 끌리는 것이지 음에 끌리는 것이 아니다. 나는 가엾게도 음의 기운이 없는 순양(純陽)으로 여자가 정을 들일 수 없다.'

프로이트는 애정 분석에서 사랑할 수 있는 능력의 분량을 리비도로 표현하였다. 리비도는 꾸준히 대상을 향해 투사하려 하고, 그 방황하는 리비도에 유도되어 대상에 집착할 때 사랑이 이루어진다 하였다. 즉 애정은 나르시스적〔自己愛的〕이고 이 사랑의 대상에서 나르시스적 요소를 발견하지 못하면 리비도는 영원히 허공을 헤매다가 사랑을 하지 못한다고 하였다.

신프로이트 학파에서도 연애할 수 있는 정신 구조와 연애할 수 없는 정신 구조를 리비도로 따졌고, 연애할 수 없는 사람이 의외로 많음을 임상 결과로써 밝히고 있다.

묘향산 설화는 애정으로 맺어지는 남녀 관계의 극히 현대적 분석을 음양설로 갈파하였고 자신의 정신 구조를 사랑할 수 없는 불행한 많은 사람 가운데 하나임을 자처한다. 그리고 사랑 않고 같이 사는 문명이 강요하는 그런 비극을 서북인답게 깨끗이 극복하는 실존적 행동력을 과시하였다.

이 설화는 남도에서 묻어드는 성리학 문명에 저항하는 반골 기질과 모럴에 저항하는 인간 실존을 교훈적으로 담은 것이기에 고금의 많은 사람이 즐겨 전해 내렸을 것이다. 이 행동적 북관 기질에 개화 분위기는 이 지역 사람들을 각 분야에서 혁신적이고 진취적으로 육성시켰으며 이것은 바로 활달한 고구려 기상의 부흥이기도 했다.

고종 때 오위장(五衛將)·경흥부사(慶興府使) 등을 역임한 무유(武儒) 장보행(張普行, 富寧)은 지구의(地球儀)를 처음 만들어 천문의 과학적인 모색을 시도하는 한편 관혼상제를 간소화한 상제례(喪祭禮)란 의례준칙을 정하여 널리 계몽하고 그 실행에 행정력을 이용하기도 했다. 그는 1년 탈상을 주장하였으며, 가난하면 백일상(百日喪)도 가하다 하였고, 상복(喪服)을 상장(喪章)으로 바꾸고 상립(喪笠)을 쓰지 않아도 된다는, 오히려 오늘날의 국민의례준칙보다 대담한 간소화를 꾀했음에 새삼 우러러 보게 한다.

이재형(李載亨)·채징은(蔡徵殷)·장보행(張普行) 등 북관(北關)의 유림들은 유학의 실천 철학으로 '머리'와 '손'의 거리를 없애고 일치시키려는 행(行)으로서 하나의 한국화한 사상 체계를 세웠음을 볼 수 있다. 한데 이것은 남도(南道)의 실학과는 별도의 체계임을 알 수 있다. 이 지방의 자연 조건 그리고 인문 조건, 사회 조건으로 따져 이 같은 유교의 한국 체계화 과정은 앞으로 연구 과제가 될 것이며 북관 실학 사상이 형성한 인맥도 그때 가서야 과학적으로 따질 수 있을 것이다. 다만 이 시점에서 막연히 말할 수 있는 것은 북관 실학 사상이 개화이자 민족 수난기의 근대에 와서 머리와 손의 거리를 지척〔現實〕으로 좁힘으로써 현실 기피 성향을 현실 참여 성향으로 바꾸어 놓았다는 점이다. 차별받고 위축받았으며 장래를 무화시켰던 구체제의 붕괴에 대해 반동적인 힘도 작용해서 이 개화기의 북관 행동 사상은 마냥 꽃피어난 것이다.

이준의 담뱃대 사건

❋ ❋ ❋

상신(相臣) 김병시(金炳始)의 사랑에 그의 아들 김용규(金容圭)와 함께 기거하게 된 청년 이준(李儁)에게 어느 날 친척인 이인재(李麟在)가 놀러왔다. 이준은 주인 아들인 김용규의 담뱃대를 손님에게 내주며 피우라 하였다. 손이 피우고 있는 동안 담뱃대 주인 김용규가 들어왔다. 손이 돌아간 후에 남의 담뱃대, 그것도 양반의 것을 상인에게 함부로 물렸다 해서 이준은 책망을 받았다.

아무 말도 없이 듣고 있던 이준은 그 담뱃대를 쥐어 주둥이를 분질러 면전에 던지고는, "그 따위 양반의 자존심은 버려라! 사람 있고 물건 있지 양반 물건이라고 사람 위에 있을 것이냐. 한낱 담뱃대로 손을 쫓고 면책을 하니 물건이 소중한 자와는 조금이라도 같이 있기 싫다."하고 그 집을 뛰쳐나와 낙향해 버렸다. 화가 치민 김용규는 아버지의 세도로 함경 감사 조병식(趙秉式)에게 이 무명 청년의 체포령을 내렸다. 스스로 출두한 이준과 조 감사(趙監司)의 대화를 옮겨 보자.

이준 : 양반의 담뱃대 하나로 사람을 죄 준다면 그것은 공법(公法)이 아니라 사법이오.
조병식 : 그 따위 말이 어디 있나!
이준 : 대감, 노하지 마십시오. 저를 벌하시려거든 먼저 서울 양반 자식들을 국법으로 좀 고쳐 놓으시길 바랍니다.

그 기개에 꺾인 조병식은 술상을 들이라 하였고, 이준은 함흥 명기(名妓) 함산국(咸山菊)의 치맛자락에다 시 한 수를 써 내렸다.

'함산시월(咸山十月)에 서리 머금은 국화꽃은 중양(重陽)을

위해 핀 것이 아니라 객(客)을 위해 피었구나!'
 함산국을 감사의 손에서 빼돌리려는 재치였다. 이에 이준은 죄를 받으러 갔다가 기녀를 얻어 가지고 돌아왔다.
 영의정 이유원(李裕元)의 아들로 양반이요 명문인 이시영(李始榮)과는 열 살 손아래였지만 매우 친한 사이였다.
 '양반욕이 아니면 양반 빈정대는 익살로 술주정이 고약하였다. 그러고는 어느 날 내 술주정이 과하였소 하길래 영웅 쾌남아로 알았더니 취중담 되풀이가 웬일이오, 하였더니 이준은 내 그 말을 들어 보자고 한 말이오, 하며 내 어깨를 다독거렸다.'
 이 모두가 북청의 활달하고 개명된 기백의 소산이다.
 여기 같은 기질의 다른 한 표현 방식을 살펴보자. 한일 합방 후 영흥(永興) 장날에는 단발대장(斷髮大將)으로 불리는 광대의 단발굿이 구경거리였다. 구식의 도복 차림에 상투를 꽂고 장죽을 문 단발대장이 장 복판에 손수 지고 온 조립식 연단을 펴고 올라선다. 그리고 우스갯짓으로 관중을 끌어모은 다음 일장 연설을 한다. 가발의 상투머리를 들었다 놓았다 하며 단발해야 하는 뜻을 웃기면서 계몽하는 것이다.
 장죽꼭지로 짚신발을 두들기면서 양반을 익살한다. 그는 약을 파는 것이 아니라 개명(開明)을 팔았다. 장날마다 그렇게 개화 쇼를 벌였다. 누가 시킨 것도 아니요, 또 무슨 단체의 계몽 운동도 아니었다. 영흥 장꾼들은 이러한 단발굿을 재미있어 했다.
 그런데 단발굿으로 은연중에 장꾼들 마음에 전심(傳心)된 것

제1부 정신에 구심하는 가치관 57

은 개명뿐이 아니었다. 그가 단발굿으로 독립 운동을 하였다 하여 사찰 대상이 된 연후에도 그 굿은 태연히 계속되었고, 가두어 놓고 하지 말라 하면, 하지 않겠다고 쉽게 약속하고는 내놓으면 또 하였다. 그는 망명 끝에 죽었다. 이 같은 집념은 단발(斷髮)을 둔 남도(南道) 사람들의 죽음을 내건 저항과는 적이 대조적이랄 것이다.

강계 변경주의

❋ ❋ ❋

강계(江界)는 '어사(御使) 볼기 친 고을'로 이름난 땅으로, 서북 기질을 너무나 잘 대변해 주는 곳이다. 왕의 화신으로 권세가 셌던 어사의 볼기를 도리어 후려친 사람은 이곳 남주(南州)에 살았던 일개 좌수(座首)인 개성 김씨 김사징(金仕徵)으로, 세도에 대한 서민의 통쾌한 반동이었다.

조선 말엽에 이르러 암행어사는 탐욕의 화신이 되어, '어사 훑은 자리 한 해 가뭄'이라는 말이 나돌 만큼 부패했다. 그 어사가 삯꾼으로 변장한 것을 안 김사징은 시치미를 떼고 조그마한 과실을 핑계삼아 뭇매를 쳤다. 역군들을 시켜 죽지 않을 정도로 볼기에 태(笞)를 쳐놓고 이튿날 가족을 데리고 고향을 떠났다. 그는 보복하려는 추적망을 피해 영월의 한 풍헌(風憲)의 심부름을 하는 면차(面差)로 위장하고 여생을 보냈다. 당국에서는 어사라는 것을 알고 쳤다 하여 모역(謀逆)으로 단정하고 대대적으로 수색망을 폈으나, 어사 볼기 친 김사징은 서북 민심을 후련하게 하여 영웅이 되어 있었다.

이 사실에서 우리는, 첫째 권력 파워에 대담하게 맞선 서민 파워를 보며, 둘째 불의에 도전하는 적극적인 행동성의 집단 파워를 볼 수 있으며, 셋째 공분(公憤)을 위해 자기라는 개체를 수월하게 희생시켰음을 알 수 있다. 이런 것들은 한국의 보편화된 기질에서 적이 이질적인 것으로 모역시(謀逆視)했음은 극히 당연하다.

이것은 북변 강연(江沿) 지대에 사는 사람들에게 공통된 기질이요, 김사징을 영웅시하고 그 사람이 살았던 고을을 우러러보는 서북 기질은 이 북변 기질과 유사성이 있다.

북변 압록강변에 살았던 사람들은 프런티어십 없이는 살 수 없었다. 여진족을 몰아내고 들어가 끊임없이 여진족의 위협을 받으며 살았고, 먹고 살기에는 불충분한 인색한 땅이라 늘 다른 곳을 찾아 옮겨 살아야 했기에 지정학적인 조건들은 그들에게 정신 개조를 불가피하게 했다. 개인이나 가족 단위로는 살 수 없어 집단 체제의 취락을 했는데, 그 집단 의식의 큰 테두리 안에서 개인이나 가문 의식은 소멸되기 마련이었다. 그리고 그 집단 의식으로 일궈놓은 삶의 터전에 대해서는 어떠한 계급이나 행정상의 또 권력상의 간여를 배제하였다.

프런티어십이 선민주의가 아니라 평민주의요, 계급주의가 아니라 평등주의이며, 은둔적이 아니라 행동적이고, 소극적이 아니라 적극적이며, 보수적이 아니라 진보적이다. 또한 이기적이 아니라 이타적이며, 사회를 기피하지 않고 사회 참여를 하는 성향은 모두 이 때문이다.

북변 기질은 이 프런티어십의 바탕이며, 김 좌수가 영웅시된 것도 모두 이 프런티어십의 소산인 것이다.

한국인 속에 스며든 양풍

양인난생설(洋人卵生說)

❋ ❋ ❋

'그들은 화란인을 부를 때 남만인(南蠻人)이라 했다. 우리들이 물 속에서도 살 수 있는 어물(魚物)에 가까운 인종으로 알았다.

또한 한국인들은 일본과 청나라에 관한 지식밖에 없었기에 그 밖에 사는 사람들에 관해서는 너무나 어처구니없는 생각들을 지니고 있었다. 내가 들은 얘기 가운데 남만인은 머리가 없고 눈이 가슴에 붙었다고 하거나, 여자들만 살고 있는 나라가 있는데 여인네들이 욕정을 일으켰을 때 남풍이 부는 쪽을 향해 개처럼 한 발을 들면 남풍이 치마 속으로 파고들어가 아이를 밴다고 하는 것 등이 그것이다. 이 밖에도 별의별 기상천외의 풍문이

많다.'

이상은 에이포켄의 견문록에 적힌 글이다.

사실 《삼국사기》에는 먼 동해의 저편에 여인들만 사는 섬나라가 있다는 풍문이 기록되어 있다. 그 나라는 여장부들만 사는데, 이들이 샘을 들여다보기만 하면 아이를 배기 때문에 남자가 필요없다고 하였다. 그래서 그들은 사내아이를 낳으면 죽여버린다는 것이다.

삼국 시대에 남미의 '아마존 여인 천국'에 관해 알고 있었을 리는 없다. 또 '서양인들은 살구씨를 먹으면 아이를 배고, 살구씨 같은 알을 낳으며, 그 알을 품어서 까면 아이가 태어난다.'고도 구전되었다. 이 살구씨 난생(卵生) 인식은 순조(純祖) 연간에 정동유(鄭東愈)가 쓴 《주영편(畫永篇)》의 기록이 와전된 것이 아닌가 생각된다.

1797년에 동래에 표류한 양인의 견문을 기록한 글 가운데 다음과 같은 대목이 있다.

'그 사람들은 다 몸이 거대하기가 비길 데 없었다. 우리나라 사람과 비교하면 두어 자나 더 클 뿐만 아니라 얼굴 모양도 또한 매우 달랐다. 콧대가 높고 곧아서 위로 이마를 꿰뚫었으며 뺨에는 광대뼈가 없다. 코에서부터 평평하게 귀를 향하여 낮아진 것이 마치 살구씨의 모서리를 깎아놓은 것 같은 형상이었다.'

신교 선교사들이 각 지방을 돌아다니면서 한국인으로부터 받은 질문에서 한국인의 서양에 대한 인식이 어떠했는가를 가늠할 수가 있다.

'서양 사람도 책을 읽을 줄 아느냐?', '부모상에 삼년상을 치르느냐?', '여자가 왕노릇을 하는 곳이 어디냐?' 하는 것쯤은 약과요, '눈이 하나뿐이라고 들었는데 어째서 당신은 눈이 두 개 똑바로 박혔나?', '당신들은 마음이 내키면 이빨이나 눈을 뺏다 박았다 한다던데 한 번 해봐라.' 하면서 졸라대는 데는 질색을 하였다 한다.

이와같이 한국 서민들이 신기해했던 인식은 개화기를 거쳐 광복이 되고 미국 사람들이 많이 들어와 산 연후에도 일부 시골 사람들 사이에 계속 유지되었음을 볼 수 있다.

경주를 여행하고 돌아간 미국의 작가 펄 벅 여사는 미국에 돌아가 쓴 단문 가운데서 한 유쾌하고 건강한 경주의 시골 여인으로부터 받은 질문을 적고 있다.

치마말기 밖으로 유방을 드러낸 이 여인은 걸어가고 있는 펄 벅 여사 앞에 바싹 다가서더니 눈에 손가락질을 하며 무슨 말인가를 했다. 통역에게 무슨 말을 하느냐고 물었더니, "할머니의 눈이 파란 이유가 무엇입니까?"라는 것이었다.

한국 서민에게 유별난 애착을 가졌던 펄 벅 여사는 동화에서 나오는 예쁜 말처럼, "소녀 적에 파란 열매를 너무 많이 먹어서 파랗다."고 대꾸했다.

"눈이 파란데도 앞이 보이나요?" 하고 또 물었더니 "보이고 말고요. 사람의 맘속도 그것이 아름다우면 훤히 들여다보입니다."했더라나……

이 유쾌한 여인이 신기하게 여기는 일단의 부인네들이 어울려 있는 곳으로 의기양양하게 돌아가서는 팔을 펴며 영웅적으로 자신의 모험 결과를 자랑하는 것을 보고, 펄 벅은 순수한 한국의 아름다운 한 점(點)을 발견할 수 있었다고 한다.

다시 100여 년 전으로 소급하여 금강산을 도보로 탐험했던 영국의 여류 지리학자 버드 비숍 여사의 기록에서 파란 눈을 신기하게 여겼던 한국인의 반응을 옮겨 보기로 한다.

'그 중 한 건장한 여인은 앉아 있는 나에게, 마치 곧 도망갈세라 조심스레 다가오더니 잠자리를 잡듯 손가락을 빙빙 돌리며 내 눈 앞에 손가락을 가져오는 것이었다.'

아마 호기심에 가득 찬 여인네들이 '파란 눈으로도 앞을 볼 수 있나 없나?' 옥신각신 논쟁을 벌인 끝에 그 중 용감한 여인으로 하여금 모험을 시켰을 것이다. 한국에서 파란 눈은 장님밖에 없다는 통념에서 빚어진 넌센스라 할 수 있다.

우리 선조들은 옛부터 청맹(青盲)이란 말을 했다. 불의(不義)에 저항하는 강력한 표현으로 그 불의의 시국이 끝날 때까지, 때로는 평생 동안 세상을 보지 않기 위해 눈을 감고 장님처럼 사는 레지스탕스를 청맹이라 불렀던 것이다. 그래서 파란 눈이 장님이란 인식이 한국 서민들간에 확고할 수밖에 없었으며, 그런 인식이 외래의 양인에 부딪혔을 때 이 같은 희극이 벌어졌을 게다.

백인은 약이다

❋ ❋ ❋

개화기 때 서양 사람들이 한국 아이들을 잡아다가 삶아 죽인 다음 가루를 내어 사진약을 만든다는 풍문은 한국인들을 공포 속에 몰아넣기에 충분했다. 이 같은 한국 사람의 공포 이외에 서양 사람들도 이와 똑같은 공포에 사로잡혀 있었다. 한국인들은 피부가 희면 그 흰 사람 자체가 불치병의 약제, 또는 장수약이 된다고 알고 있는 것으로 서양 사람들간에 통념화되어 있었던 것 같다.

이 같은 양인들의 공포는 불시에 납치를 당하거나 습격을 받을 것이라는 두려움을 보편화시켰고 이에 대처하기 위해 한국에 들어올 때는 반드시 피스톨을 휴대해야 한다고 생각했다. 특히 지방을 여행하는 선교사나 상인들은 빠짐없이 권총을 휴대했다.

이와 같은 '백인 약제설'은 반드시 쇄국 보수파가 날조한 풍문만은 아닌 것 같다. 옛부터 우리나라에서 백랍병(白臘病)이라 하여 피부가 하얀 기형아가 이따금 태어났다. 이 흰둥이가 약제로 매매되는 악습이 은폐된 채로 보편화되어 있었고, 이 약제 인간들을 수용하는 비정적 수용 캠프가 자하문 고개 너머 상평창 근처에 있었다는 구전을 들은 일이 있다고 이서구(李瑞求) 씨가 말하고 있다.

이 같은 흰둥이의 비정적 폐습이 백인들 귀에 들어갔으리라는 것을 상상하는 데는 별다른 무리가 없다. 무엇보다 양인에 대한 한국인의 인식 가운데 순진한 실례는 그들을 귀신처럼 본 데 있다.

강한 고집으로 대원군의 고집에 도전했던 오페르트의 제1차 모험 항해 때 충청도 서해안에 최초로 상륙했던 체험 수기 가운데 한 대목을 인용해 본다.

'해변은 조그마한 어촌 하나와 그 옆에 서너 척의 배가 머물러 있는 것 이외엔 아무것도 보이는 것이 없었다. 여기서 나는 선장 모리슨과 중국인 통역 한 명과 같이 처음으로 조선땅에 상륙했다. 우리들이 싣고 갔던 보트로 해안 가까이 갔을 때 수많은 조선 사람들이 아주 급하게 언덕 위로 도망치는 것을 보았다. 마을에는 늙어서 걷지 못하고 자식도 없어 낙오된 불쌍한 노인 하나만이 겁에 질려 움츠리고 있을 뿐 텅 비어 있었다. 조금 있다가 위엄있어 보이는 노인 하나가 빨갛게 탄 숯을 담은 냄비 하나를 손에 들고 아주 공손한 태도를 표시하면서 언덕으로부터 우리를 향해 걸어왔다. 그는 우리들을 아마 귀신으로 생각했는지 불로 우리를 쫓아내려 했던 모양이었다.'

이에 앞서 헌종(憲宗) 정미년에 고군산열도(古群山列島)에 표류했던 프랑스 군함의 선원들도 이와같이 불을 들고 접근하는 섬의 장로를 목격한 적이 있다. 한국 전래의 습속에서 불은 귀신을 쫓는 가장 효력 있는 제마제(除魔劑)요, 축귀제(逐鬼劑)였다. 이 선량하고 순진한 서민들은 이들이 귀신이면 불을 보고 도망칠 것이요, 도망치지 않으면 귀신이 아니라는 것을 확인하고 싶었을 것이다.

모인국(毛人國)과 여인국
❋   ❋   ❋

해동의 대해 중에 모인국이 있는데 이곳 사람들은 온 몸에 털이 나서 짐승인지 사람인지 알 수가 없고, 또 일본 동남해에 있는 여인국 여자들은 벌거벗고 살며 바람에 감(感)하여 아이를 밴다고 했다.

또 점성(占城, 베트남)의 서남해 중에 진랍국(眞臘國)이 있는데, 이 나라 사람들은 음탕하나 술을 먹지 않는데 단지 아내와 동침할 때만 술을 먹는다고 믿었다. 그 서쪽에 있는 번물노막국(番忽魯謨國)에서는 음주한 자는 기시(棄市)형을 가한다고 생각했다.

고와(瓜哇)란 나라는 자바라고도 불리는데 남만(南蠻)의 으뜸이며, 남자는 쑥대머리에 여자는 송곳머리를 얹고 다니고, 예리한 칼을 차고 다니는데 죄를 지으면 매를 치지 않고 죽여 버렸다. 또 그들은 숟가락 없이 손으로 밥을 먹고, 뱀이나 개미 등 벌레를 날로 잡아 먹는다고 했다.

유럽 사람이 한국을 인도양에 있는 섬이라고 생각했듯이 한국은 인도, 프랑스를 인도양에 있는 섬으로 믿었으며, 프랑스로 불린 당시의 화포(火砲)가 그곳에서 비롯되었다는 것, 그리고 그곳에서 나는 배가 매미 날개처럼 섬세하다는 것 정도밖에 알지 못했다.

영국에 관한 인식은 비교적 맞는 것 같다. 그 나라 사람들은 보리 부스러기를 먹으며, 철선이 고대 광실 같아 해중제국의 웅(雄)이라 하였다. 낮이 밤보다 이경(二更)이나 긴 것을 무척 신기해했던 것 같다. 이 영국의 주장야단(晝長夜短)은 주자(朱子) 시대 때부터 중국에 알려져 있었다.

'그 나라 땅의 홀쭉하게 모서리진 곳으로 해가 지고 그 나라 땅 밑에는 중국처럼 가린 것이 없기에 해가 져도 오랫동안 어둡지 않다.' 하고 주자는 해가 져도 환한 북극 지방의 극광(極光) 현상의 견문을 궁색하게 해석해 놓고 있다. 아마 유명한 학자인 주자로서 그 같은 영국의 자연 현상을 해석하지 않으면 안 될 위치에 몰렸던 것 같다.

또한 유럽을 한 주(州)의 이름이 아니라 프랑스나 영국 같은 한 나라로 알고 있었다. 중국에 왔던 리마치를 유럽인으로 생각했던 것으로 미루어 지금의 이탈리아를 유럽으로 통칭한 것이 아닌가 싶다.

독일에 관한 견문도 한국 양반들의 입에 오르내렸다.

'천하에 귀신 없는 곳은 없고 귀신이 가지 못할 틈도 없나 보다. 독일에는 백옥성(白玉城)이 있는데, 이것은 귀신이 쳐들어오지 못하게 하기 위함이다. 귀신의 본성이 검은 것을 좋아하고 흰 것을 싫어한다는 것을 알고 흰 돌로 담을 쌓고 병역(病疫)이 나돌면 그 안에서 나오지 않는다. 이와 같은 풍습이 항간에 퍼져 대문에 백악(白堊)칠을 하게 된 것이다.'

이《이문지(異聞志)》의 기록이 고종 때까지 한국 식자들을 지배하였으므로 미국의 궁성〔白堊館〕이 희다는 견문을 듣고 미국의 임금이 무척 귀신을 무서워하는 겁쟁이로 알았던 것이다. 만약 이 이야기를 당시 미국 대통령이 들었다면 크게 웃었을 것이다.

이상의 해외 견문은 대부분 광해군 때의 학자 이수광(李睟光)이 당시 양반 사회에 퍼졌던 얘기를 모아 써놓은 것에서 인용한 것이다.

흑인에 대한 견문도 사대부간에는 화제가 되었다. 나양국(裸壤國)이란 나라가 일본에서 멀지 않은 곳에 있는데, 거기 사는 사람은 키가 크고 온몸이 검은빛이고 눈이 서너 개라 하였다. 이런 괴물이 왜녀들을 많이 데리고 산다고 하니 그러기에 더욱 왜를 택할 게 못된다고 생각하고 있었다. 남만(南蠻)에 표류한 일본 사람들의 흑인 견문이 한국 어부들간에 퍼졌었는데, 그 생김새가 눈썹이 두 개로 갈라져 있는 것이 아니라 한 일 자로 붙어 있고, 양 같은 수염이 드리워졌으며, 얼굴이 칠흑이고 사람이 아닌 바다 귀신이라고 구전되었던 것이다. 한말 개국 이후 지금 있는 바로 그 자리에 미국 공사관이 있었는데, 그 문지기가 미국 흑인 병사였다고 한다.

이 바다 귀신을 구경하고자 정동(貞洞)의 덕수궁 궁궐은 연일 성시를 이루었다.

구경꾼을 보호하기 위해 한국 순검이 새끼줄을 치고 이 흑인 위병과 거리를 두게 하였으며, 구경거리가 된 이 흑인 병사는 때로는 하얀 이빨을 드러내고 귀신 형상을 하여 구경꾼들을 놀라게 하기도 하였고, 양과자나 껌을 던져주기도 했다고 한다. 그러기에 정동 미국 공사관 앞에는 던져진 채로 있는 양과자 나부랭이가 이따금 흩어져 있었다는 양인 기록도 있다.

망할 놈의 양귀자

❉ ❉ ❉

1890년 각지를 돌아다니며 선교했던 신교 목사 게일이 해주 목사와 대구 목사로부터 당한 일로 한국인의 서양인에 대한 재래의 인식을 가다듬어 보자.

미국인과 대좌(對坐)한 해주 목사는 '도대체 미국이란 왕국이 어디에 있는가, 아는 사람이 있는가?' 라고 창밖을 내다보며 물었다. 그러나 아무도 알 리가 없었다. 미국의 위치를 설명하기 위해 지구의 반대편에 있다고 하자, 하늘은 둥글고 땅은 네모꼴로 평평하다고 여기고 있었던 목사는 미국 사람은 파리처럼 천장에 붙어 사는 비인(非人)으로 이해하였다. 그래서 목사의 안색은 약간 겁을 먹은 듯 긴장하였다. 파리 같은 요술을 부린다고 믿어지는 게일 목사를 시험코자 해주 목사는 밥상을 차려 오도록 시켰다.

'조선 사람들은 어느 특정의 귀신들은 특정의 음식만 먹는다고 알고 있었다. 어떤 귀신은 쇠붙이만 먹고, 어떤 귀신은 나무만 먹고, 어떤 귀신은 숨만 쉬고 살며, 사람만이 쌀과 고기를 먹는 것으로 알았기에 밥상을 차려와 내가 사람인지, 귀신인지 또 귀신이면 어떤 종류의 귀신인가를 확인하고 싶었던 것 같다. 내가 서슴지 않고 숟가락을 들어 밥을 한 술 뜨자마자 그와 나 사이의 벽은 무너지고 말았다. 목사는 그제서야 내가 사람임을 알고 지구에 대한 개념 의혹이 아직 풀리지 않았는데도 허물 없이 나를 가까이하였던 것이다.'

그 후 이 미국인은 양인(洋人)을 괴물시한 대구 목사에게 잡혀 연금되었다. 그러자 그는 목사의 보좌관 같은 사람에게 청을 하였다. 오늘밤이 섣달 그믐이라 부모님께 편지를 쓰고 싶으니 종이를 좀 가져다 달라고 했던 것이다.

이에 보좌관은 당신같이 생긴 사람에게도 부모가 있느냐고 신기한 듯 물었다. 그러고는 헐레벌떡 뛰어가 저 괴물에게도 부모가 있다는 사실을 떠벌렸다. 그리하여 그것이 사실인지 한 번 백지를 주자는 데 의견이 모아졌다. 미국인이 글을 쓰자 사람들은 숨소리를 내뱉으며 감탄을 하였다. 부모가 글을 읽을 수 있는 능력은 조선에서 가장 소중히 여기는 것이기 때문이었다. 그제서야 비로소 특별히 모셔야 할 손님으로 알고 감금을 풀고는 명절 음식을 잘 차려 대접하였다.

어느 양인이 와서
말썽이 났네.
조선 사람 게으르다고
일해야 산다 가르쳤네.
아니 미친 듯이
날뛰게 해야겠다고 서둘렀네.
그는 게으른 하녀를 해고하고
게으른 하인을 해고하고
아무리 안달하고 분노해도
조선 사람은 부지런해지지 않았네.
그가 탄 말은 하인만큼 느렸고
그의 잔소리는 쇠귀〔牛耳〕에 경(經)이라
그의 인생에서 기쁨은 가고
슬픔만 남았네.
신경은 날카로워지고
머리가 이상해지더니
드디어는 돌아버렸네.
그가 돌아서 죽자 조선 사람은 비웃었네.
망할 놈의 양귀자(洋鬼子) 같으니라구……

이 시는 1890년경 양인들간에 유행되었던 속요로 한국인의 서양에 대한 인식의 일단을 역력히 표현해주고 있다.

양견수난사(洋犬受難史)

❋ ❋ ❋

18세기 프랑스인들 사이에서는 한국에서 가장 무서운 것이 마을마다 널려 있는 조선 개들이라고 구전되었다 한다. 프랑스 선교사들을 학살한 대원군보다 한국의 똥개가 더 무섭다는 것이 당시 프랑스 서민들이 한국에 대해 알고 있는 전부였다고 개화기 법어학교(法語學校) 교사로 와 있던 에밀 마텔이 회고한 바 있다.

그것은 17세기 말엽 이후 한국에 밀입국, 한국인으로 변장하여 숨어서 선교해 온 많은 프랑스 신부들이 한국의 개에게 호되게 당한 봉변 때문에 생긴 풍문일 것이다. 아무리 한국인으로 변장해도 개의 후각은 백인의 체취에 예민하여 짖고 대들며 그 백인이 마을을 떠날 때까지 짖어댄다는 것이다. 조선 관헌에게 쫓기고 있는 그들로서는 자신들을 위난 속에 몰아넣는 한국 개에 관한 인상이 어떠했으리라는 것은 짐작이 가고도 남는다.

한국인들은 백인에 대해 배타적이 아닌데 개들만은 예외없이 적의를 품었던 데서 선교사들이 당한 쓰라린 체험이 프랑스를 비롯한 기독교 국가의 백성들에게 그러한 인상을 주었던 것이다. 즉 한국에 있어 한국인보다는 한국의 개가 보다 주체적이고 주체적인 감각이 예민했다는 뜻도 되겠다.

이와 같은 한국 개의 주체적 성향 때문에 19세기 말엽에 들어오기 시작한 신교(新敎)의 선교사나 장사꾼들은 한국 개를 이길 수 있는 억센 서양 개를 갖고 들어오는 것이 상습이곤 했다. 서울 정동에서 식료품상을 하고 있던 고샬이라는 양인이 외출할 때는 송아지만한 불독을 앞세워 다녔으므로 이 고샬의 출타는 개화기 때의 이색적인 풍물이었다 한다. 조선 개들이 이 양개만 보면 도망쳤고 또 많은 아이들을 울렸으므로 이에 앙심을 품은 사람이 사냥총으로 이 양개의 발을 쏘아 절뚝거리게 했다 한다. 선교사 게일은 선교 행각 때 한국 개의 보수적 도전성에 대치시키기 위해 일부러 테리어 한 마리를 가지고 들어와 앞세우고 다녔다.

'놈은 1천 마일의 여행을 떠난 게 아니라 한두 시간 정도의 소풍이나 나선 듯 껑충껑충 뛰어다녔다. 놈은 제법 영리해 보이기도 했으므로 한국 사람들은 이를 개의 일종으로 보지 않고 무슨 귀신 보듯 하였다.'

이 테리어 역시 어느 보수적 척양(斥洋)의 한국인이 던져준 엿을 먹다가 이가 빠져 심한 출혈로 죽었다. 양개에 대한 한국의 이상한 주체 성향의 양상을 이에서 볼 수 있다.

반달만큼 남은 논배미

❈ ❈ ❈

팔도 농부가(農夫歌)마다, '논배미가 반달만큼 남았다.' 하고 '네가 무슨 반달이냐'고 깔보는 대목이 반드시 들어 있다. 노래 줄거리와는 아랑곳없이 엉뚱하게 '반달'이 끼여들었는데도 우리는 무슨 연고로 그 '반달'이 노래 속에 끼여들었는지 모르고 무심코 그 노래를 불러온 것이다.

조선 왕조에 사양(斜陽)이 깃들기 시작한 헌종(憲宗) 말엽에 다음과 같은 민요가 장안에 퍼졌었다는 기록이 있다.

당당홍의(堂堂紅衣) 정초립(鄭草笠)이
계수나무 농장 짚고
건양재로 넘나든다. 반달이냐, 왼달이냐?
네가 무슨 반달이냐, 초승달이 반달이지.

끝절이 여느 농부가와 똑같은 것이 주의를 끌게 하며, 바로 이 민요가 농부가 속에 끼여든 '반달'의 연고를 암시해 준다. 농부가에서 반달은 천체의 반달이 아니라 당시 창덕궁에서 치맛바람을 날렸던 경국(傾國)의 미색인 궁녀 '반달'이었다. 궁 안 건양재(建陽齋) 동편에 기정(旗亭)을 짓고 나라의 재물을 주물렀던 반달은 임금 위에 군림했던 청나라 단골 사신의 연인이었다. 반달은 청나라라는 사대(事大) 파워를 등에 업고 임금 위에 있으면서 국재(國財)를 주물렀으므로 모든 벼슬길은 그녀의 치맛바람으로 통했던 것이다.

　백성의 원성은 항상 동요나 민요를 타고 공감권을 형성하곤 했다. 반달이라는 이름으로 대변되는 외난(外難)에의 원성도 '네가 무슨 반달이냐, 초승달이 반달이지.' 하는 노래를 타고 공감권을 형성한 것이다.

　이 '반달'로 표현된 외난(外難)이 천주교의 창궐, 외국 함정들의 통상 강요, 그리고 잇달은 양요(洋擾)를 겪으면서 한낱 여자의 이름이 아니라 외국인 또는 외세의 대명사로 전화(轉化)되었고, 가장 널리 불린 농부가 속에 끼여들어 그 원성이 서민화·보편화된 것이다. '반달만큼 남은 논배미'는 외세·외난에 침탈된 한국의 비극적 상황이요, 침식당한 우리 주체성의 구상(具象)으로도 받아들여진다. 그리고 그 상황에 대한 은근한 레지스탕스의 서민적인 실존 형태이기도 하다.

생활을 지배한 도선 사상

혁명 사상의 모색

✵ ✵ ✵

　도선(道詵) 사상은 고려나 조선을 통해 한국의 왕조 및 서민의 마음을 사로잡았고, 또 그 사상이 생활화되어 한국사상 가장 방대한 영향력을 끼쳤던 사상 가운데 하나였다. 그만큼 영향력이 컸기에 그 사상의 진원(震源)인 도선 및 도선 사상에 대해서 후세에 많은 조작과 신이(神異)가 덧붙여져 도선이란 실체와 사상의 본질이 흐려지고 애매해지고 말았다.

　도선의 일생에 대해 객관성이 인정되는 기록은 백계산 옥룡사에 있는 선각국사비명(先覺國師碑銘)이다. 그 비명에 의하면 도선은 속성(俗姓)이 김(金)씨로 신라 영암 사람이었다. 태종무열

왕의 서손(庶孫)이란 말도 구전됐다 한다.

어머니는 강(姜)씨, 15세에 화엄사에서 탈속하여 스무 살 때 (문성왕 8년) 동리산 혜철 법사의 법손이 되었다. 혜철 스님은 당나라 유학승으로 다른 신라 스님 도의(道義), 홍직(洪直)과 더불어 유명한 당나라 선종(禪宗)의 대선사 서당(西堂), 지장 (智藏) 스님의 법통을 이은 분이다. 지장은 당나라 선종의 대종인 마조(馬祖) 도일(道一)의 수제자였다.

도선은 스물세 살 때 착도사에서 구계(具戒)를 받고 운봉산 밑에 있는 태백암에서 띠집을 짓고 좌선하여 법명을 날렸다. 그 후 백계산 옥룡사에 자리잡자 학도들이 운집하였고, 신라 헌강왕(憲康王)이 그 법명을 듣고 궁중으로 맞아들여 설법을 들었다.

현묘한 도리로 군심(君心)을 계발하였으므로 왕은 더 잡아두고 싶었으나 옥룡사로 돌아가고 싶다는 도선의 간청에 보낼 수밖에 없었다. 도선도 옥룡사에서 말년을 살다가 신라 효공왕(孝恭王) 2년 3월 10일, 일흔두 살로 입적하였다. 이때 신라는 이미 사양길에 들어 후백제가 건국된 지 7년째 되는 해였다.

효공왕(孝恭王)이 선사(禪師) 칭호를 내린 것 등으로 보아도, 나말(羅末) 전국에 소문난 명승(名僧)이었던 것은 분명하다. 더욱이 득도한 명승은 신술(神術)이나 신이(神異)를 베풀 수 있는 것으로 알았던 민중의 생각이 이 도선의 유명세에 야합하여 신승으로 여기게 되었을 것이다. 모든 산수(山水)와 인간의 화복에는 밀접한 인과(因果)가 있는 것으로 알았던 전사유적(前思唯

的) 사고방식은 도참풍수(圖讖風水) 사상으로 이미 도선(道詵) 이전에 펼쳐져 있었다.

신라 경문왕(景文王) 때 원성왕(元聖王)의 능을 만드는데 까다로운 풍수설을 적용했다는 기록이 있고, 황룡사(皇龍寺)의 구층탑도 풍수 사상이 호국 사상과 절충·융합함으로써 세워진 것이라 한다. 한국인의 절충·융합적 사고 성향은 도선의 신승적(神僧的) 요소와 인간 사회의 미래를 예언하는, 그리고 미래를 현실적으로 가늠할 수 있는 신기한 도참 풍수적 요소를 결합하는 데 그다지 큰 저항을 느끼지 않았을 것이다.

고려 태조 왕건이 쿠데타로 건국했을 때 건국의 명분과 대의(大義)를 내세워야 할 궁지에 몰렸을 것이다. 피통치자로 하여금 그 명분과 대의를 납득시켜야만이 순응할 것이기 때문이다.

왕건이나 그의 후손들은 왕건이 궁예를 반역하고 삼한을 통일하는 명분으로 나라꼴이나 민심이 그 같은 반역을 필연케 했다는 것만을 내세워서는 분단되었던 민심을 사로잡을 수 없다고 판단했다. 그리하여 분단된 나라는 초국가·초자연적인 공감의 구심점을 찾게 된 것이다.

고려 왕조는 그 구심점을 세 개로 잡았다. 그 하나는 천계(天界)와 지계(地界)를 내왕하며 백성의 존앙을 받고 외경의 대상이 되어 온 제왕(帝王)의 상징인 용의 혈맥을 이어받은 후손으로 그의 선조를 신비화하였고, 둘째는 천자(天子) 지상(至上)·사대 사상과 영합하기 위해 그의 선조를 당나라의 혈맥에 이어

댔으며, 셋째는 도참 풍수의 예언적 비력(秘力)으로 왕이 된다는 것을 합리화한 것 등이다. 그리하여 고려 태조 왕건의 아버지 왕륭(王隆)이 살았을 때 신이(神異)가 있어서 유명했던 스님 도선을 끌어들이지 않으면 안 되었던 것이다.

노란 경주와 푸른 송경

❋ ❋ ❋

도선이 송악군(松岳郡)을 걸어가고 있을 때 때마침 왕륭은 집을 짓고 있었다. 도선이 그 문 안에 들어가 택상(宅相)을 보고 방위를 잘 잡으면 왕이 태어날 길지(吉地)라고 말했다. 왕륭은 도선을 맞아들여 그 비법을 듣고 개수하였다. 그리고 도선은 그에게 2년 후 귀한 아들을 낳을 것이라고 예언했고, 아들을 낳거든 전하라고 비기(秘記)를 주고 갔다는 것이다.

또는 신라 진성여왕(眞聖女王) 9년에 도선이 왕륭(王隆)의 택상(宅相)을 보아주었다고도 한다. 도선은 송악(松岳)의 곡령(鵠嶺)에 올라 산수지맥을 살펴보았다.

'임방(壬方)으로부터 백두산의 수모목간(水母木幹)이 들어와 마두명당(馬頭名堂)에 와서 떨어졌다. 임금은 수명(水命)이니 이를 물따라 수를 정해 집을 짓는데 육육 삼십육구로 지으면 곧 천지의 대수(大數)에 부응하여 내년에는 반드시 성자(聖子)를 낳을 것이니 이름을 왕건(王建)이라 지으시오.' 했다고 한다.

이같이 왕건의 쿠데타를 풍수지리설에 의해 합리화함으로써 민심 속에서 왕좌(王座)를 굳힐 수가 있었으니, 이 풍수지리 사상이 국가 사상이 되고 나라에 널리 펴고 장려하게 된 요인이 이에 있을 것이다.

또한 도선이 왕릉에게 전한 것으로 되어 있는 비기(秘記)가 그 후의 국가 사회와 민심을 지배해 온 도참 사상의 헌장(憲章)처럼 여겨졌던 것이다. 이 비기가 실제로 있었던가에 대해서는 입증할 만한 자료나 문헌은 없는데, 다만 필요에 따라 이 비기를 내세웠다는 점에서 있는 것처럼 인식시키고 정치적 시책(施策)의 필요에 따라 이 비기를 빙자했던 것 같다.

고려 건국의 명분을 위한 도참 이용은 도선 이외에도 여러 갈래로 줄을 대어 민심 수습에 이용됐던 것 같다. 신라 말기의 수재요 당나라에 유학, 문장으로 명망이 높았던 최치원(崔致遠)도 고려 건국을 예언한 것처럼 되어 있다.

《동국여지승람》에 의하면 최치원은 신라의 멸망과 고려의 흥기를 예언하는 도참문(圖讖文)을 썼다고 한다.

신라의 수도였던 경주 계림에 나뭇잎이 시들고 고려의 수도인 곡령(鵠嶺)에 나뭇잎이 푸르다는 도참문의 예언 때문에 박해를 받은 최치원은 가야 해인사에 들어가 일생을 마쳤다 한다. 고려 건국 후 이 곡령(鵠嶺)에 소나무를 심고 풍수적인 주산(主山)을 송악(松岳), 서울 이름을 송경(松京)이라 불렀던 것도 '곡령청송(鵠嶺靑松)'의 도참을 합리화하기 위한 것이었음이 분명하다.

이 밖에 김관의(金寬毅)의 《편년통록(編年通錄)》에 보면 고려 건국을 풍수적으로 합리화시키고 있다. 이 기록에서는 신라 때의 풍수술사 팔원(八元)을 등장시켰다.

왕건의 5대조인 강충(康忠)이 오관산 마하갑에 살고 있을 때 신라의 감우(監于) 팔원이란 술사가 와서, 만약 고을을 산의 남쪽에 옮기고 소나무를 많이 심어 산의 암석을 노출시키지 않는다면 후손에 삼한(三韓)을 통일할 귀손이 태어날 것이라고 예언을 했다 한다. 이 팔원의 도참 예언은 다음과 같이 다르게도 전해지고 있다.

강충의 둘째아들 보육(寶育)이 마하갑에 살고 있는데 팔원이란 술사가 와서 예언하길, 대당(大唐)나라의 천자(天子)가 와서 사위가 될 것이라 했다. 그런 연후 딸을 둘 낳았는데 그 둘쨋딸인 진의(辰義)가 때마침 한국에 유람하러 온 당나라 현종(玄宗)과 교합하여 왕건의 할아버지 작제건(作帝建)을 낳았다. 이 설화에서는 당시 백성을 지배했던 사대 사상과 천자 사상을 업고 왕건이 왕이 될 수 있는 필연성을 당나라의 왕통에 이어대고 있음을 볼 수 있다. 그러나 잠저(潛邸) 시의 현종이 신라 땅에 왔었다는 역사적 사실은 찾아볼 수 없다.

거울 속의 참문 예언
❈ ❈ ❈

고려 건국 이전의 왕건도 예외없이 도참적 예언을 받는다. 그가 철원에서 살고 있을 때였다. 바다 가운데 있는 구층 금탑에 올라가는 꿈을 꾸었던 해 3월의 일이다.

당나라에서 온 상인 왕창근(王昌瑾)이 시중에서 하얀 머리에 수염이 텁수룩하고 묵은 관(冠)을 쓴 거사(居士) 한 사람을 만났다. 이 거사는 오른손에 가로 세로 1척쯤 되는 묵은 거울을 들고 있었다. 왕창근은 이 거울을 쌀 두 말에 샀다. 이 거사는 거울값으로 받은 쌀을 장안에 뿌려 거지들이 주워 가도록 하고는 바람처럼 사라져 버렸다. 왕창근이 이 거울을 들여다보니 거울 속에 가는 글씨가 적혀 있었다.

'상제(上帝)가 아들을 진한(辰韓), 마한(馬韓)에 내려보내 먼저 닭(鷄)을 잡고 뒤에 오리(鴨)를 칠 것이다. 또 사년(巳年)에 두 용이 나타나 한 용은 청목(靑木) 속에 몸을 감추고 한 용은 흑금(黑金) 동쪽에 형상을 나타낼 것이다. 혹은 성함을 보이기도 하고 혹은 쇠함을 보이기도 하여 성하고 쇠함은 나쁜 진재(塵滓)를 없앨 것이다.'

거울 속의 참문(讖文) 가운데 닭을 잡고 오리를 친다 함은 신라를 잡고 압록강까지 수복한다는 통일 예언이고, 용이 청목(靑木) 중에 감춘다 함은 청목(靑木)은 소나무〔松〕, 곧 송악군에 용(龍)자 이름을 가진 사람의 후손이 왕이 될 것이라는 예언이며,

흑금(黑金)은 쇠(鐵)니 궁예의 서울 철원을 뜻하고, 궁예를 누르고 일어설 것을 예언한 글귀로 풀이되었던 것이다.

도참적 사고 방식의 형성

❈ ❈ ❈

이같이 하여 고려는 도참 음양 사상을 국시(國是)로 삼게 되었다. 고려 왕조가 헌법처럼 지켜 내린 고려 태조 훈요십조(訓要十條)의 기본 사상도 곧 음양 도참 사상이었다. 그 두 번째 훈요는, 함부로 절을 지어 지덕(地德)을 소모시켜서는 안 된다는 계명인데 그 까닭으로서, '여러 사원은 모두 도선이 산수의 순역(順逆)을 점쳐서 개창(開創)한 곳이다. 도선이 이르기를, 내가 점쳐서 정한 곳 이외에 함부로 절을 지으면 지덕을 손상케 하여 국운(國運)이 길하지 못하리라 하였다.' 라고 했다.

그리고 신라가 망한 이유를 이 지덕(地德)의 손상에 있다고 제시하였다. 또 다섯 번째 훈요에는 태조가 삼한(三韓) 산천의 음우(陰佑)를 힘입어 대업(大業)을 이룩하였다고 선언하고 서경(西京, 平壤)은 수덕(水德)이 순조(順調)하여 우리나라 지맥(地脈)의 근본이니, 후대의 임금은 해마다 이곳에 가 1백 일씩 머물러 지덕을 입도록 하라고 명시하였다.

또 여덟 번째 훈요에 공주 이남은 산형과 산세가 모두 거슬리게 달리고 있으니 인심도 거슬릴 것이라고 전제하고 삼남 사람을 조정에 참여시키고 또 왕족과 혼인시키면 국가를 변란케 할 것이니 등용하지 말라고 하였다.

이상의 훈요로 미루어 보면 음양 도참 사상을 고려 건국의 국시로 삼고 있음이 자명해진다. 도선이 남긴 비기(秘記)가 뚜렷이 있었다는 증거는 없는데도 정치적인 변화 및 제도 풍습을 다스리는 데 도선의 비기에 기인한 것으로 기록되어 있는 것으로 보아, 국민의 공감력과 여론의 구심점을 구하기 위해 그때그때 비기를 조작해서 정치적으로 이용한 것이 아니면, 도선 비기라는 각종 유서(類書)가 유포돼 있었던 것으로 간주되고 있다.

송(宋)나라 황제가 음양이택서(陰陽二宅書)를 하사했다는 기록과 광명사(廣明寺)의 중 광기(光器)가 음양의 서를 사조(詐造)하다가 들켰다는 기록, 유신(儒臣)과 사관(史官)에게 명하여 모든 음양지리서를 모두어 한 책으로 만들게 하고 그 책 이름을 《해동비록(海東秘錄)》으로 사명(賜名)했다는 기록 등으로 미루어 많은 비서(秘書)가 조작되어 나돌았음을 알 수 있다.

문종(文宗) 4년 태사령(太史令) 김종윤(金宗允)은 서강(西江)의 병악(餠岳) 남쪽에 정자를 짓도록 했는데 그것은 《도선명당기(道詵明堂記)》에 그곳이 국업 연장(國業延長)의 땅이라 명시되었기 때문이라 했다.

숙종(肅宗) 6년에 최사취·윤관 등이 지금 서울인 남경(南京)에 천도하기를 상주했을 때도 도선비기(道詵秘記)의 산형 수세를 들고 있다. 인종(仁宗) 때 묘청(妙情)이 서경의 난을 일으킨 것도 자신이 도선의 법통을 이은 법손임을 자칭하고 그의 비기를 내세움으로써 명분을 세웠던 것이다.

또 의종(毅宗) 때 토산(兎山)의 반월둔덕에 궁전을 세운 것도 7년 안에 북녘 오랑캐가 스스로 굴복한다는 도선의 비기를 내세웠고, 고종 때 송경(松京)의 민가를 모두 낮게 짓도록 규제한 것도 모두 이 도참의 비기를 따른 것으로 기록돼 있다. 예언과 지리(地理)를 결부시킨 도참 사상은 고려 건국의 명분을 위해 크게 부흥하였고, 도참사상을 믿는 백성의 공감력을 이용할 정치적 필요가 있을 때 이 비기를 빙자한 경우도 있었고, 또 이 공감력을 악용하기 위해 비기를 조작한 경우도 많았음을 본다. 고려 사회를 지배해 온 도참 사상은 조선에 들어 더욱더 부흥하고 보다 생활화하여 한국인의 가장 개성 있는 사유방식을 형성하기에 이른 것이다.

제 2 부

한국인의 통성(通性)

다리와 우리나라의 함수 관계

살꽂이 다리

❀ ❀ ❀

이시애(李施愛)의 반란이 일어나자 세조(世祖)는 그의 아우인 임영대군의 아들 귀성군(龜城君)을 도원수로 삼고 조석문(曺錫文)을 부원수, 그리고 지략이 있는 허종(許琮)·강순(康純)·남이(南怡) 등 28명을 참모관으로 엄선, 반란을 일으킨 함경도 영흥으로 향발시켰다.

대군을 일으킬 때는 그 반역을 두려워하여 왕족을 도원수로 삼는 것이 관례였으나, 당시 귀성군은 겨우 나이 18세로 10만 대군을 거느리기에는 연조나 경력이 너무 미흡했다. 임금을 하직한 지 겨우 닷새 만에 양주에 도착하고 10일 만에야 철원에 이르렀다는 느림보 행군 소식을 듣고 세조가 노발대발하여, '창

졸간에 어린애에게 큰일을 맡긴 것이 나의 실수다.' 하고 엄하게 꾸짖어 빨리 진군하기를 독촉하였다. 그러나 도원수 귀성군에게도 할 말은 있었다.

'철령(鐵嶺)은 길이 좁고 험하여 대군이 빨리 진군할 수 없었다.' 하고 상달한 것이다. 철령은 함경도로 가는 가장 큰 길이었다.

이 말을 듣고 세조는 철령길을 다듬어 놓지 않은 강원 관찰사를 잡아들여 목을 베었다. 사실 강원 관찰사는 억울하게 죽은 것이다.

비단 변방(邊方)과 통하는 철령 같은 요충지는 말할 것도 없거니와 외적이 쳐들어올 만한 해안 지역이나 중요 도읍으로 통하는 샛길은 일부러 길을 넓힌다든지 다듬는 치도(治道)를 하지 않고 오히려 보다 험하도록 버려 두는 것이 불문율이었기 때문이다.

이 같은 불치도(不治道)의 불문율은 이미 고려 초기부터 있어 온 한국 민족의 생존 조건이었다. 잇달은 외침을 막아낼 국방의 역량을 자신 있게 갖춘 적이 한 번도 없었던 우리나라는 외침을 가급적 저해하는 소극적 방위 전략을 쓰지 않으면 안 되었다. 곧 불치도도 그 같은 소극적 방위 전략 가운데 하나였던 것이다.

외적이 쳐들어오면 가급적 진군을 저해시켜 서울에 이르는 시간을 지연시키는 데 머리를 쓸 수밖에 없었고, 그렇게 해서 번 시간에, 중국에 원병(援兵)을 청하기도 하고 또 임금이 안전한 곳으로 피난을 해야 했기 때문이다. 만약 길을 넓게 잘 다듬어 놓으면 적병이 일사천리로 한반도를 휩쓸 이적(利敵) 행위가 되므로 길은 가급적 넓히지도 다듬지도 말아야 했던 것이다. 특히 변방과 서울이 직결되는 철령임에랴.

길뿐만 아니라 다리 놓는 것도 기피하였다. 강은 외적을 방비하는 천연 요새 가운데 가장 좋은 것인데, 그 강물에 다리를 놓는다는 것은 외침 노이로제에서 벗어난 적이 없는 우리 왕조의 사고방식에서 천만부당한 일이었다.

그러기에 우리나라의 강에 다리가 놓인 적은 전례가 없었고, 냇물에도 밀면 넘어질 만한 나무 다리의 가교(假橋)만이 걸렸을 뿐 영구적인 다리는 조선 팔도에 찾아볼 수가 없었다. 한말 청일전쟁 때 일본에 참패당한 청나라 장군들이 패인으로 거론한 것이 한결같이 한국의 다리였다.

'조선의 다리는 말이 끄는 야포(野砲) 하나 나르는 데도 주저앉곤 해서 작전이 늦어져 패배했다.' 하는 것이었다.

왜장들도 다리에 대한 불만은 매한가지였다. 군수품 나르는 마차마저도 건널 수 없는 폭 좁은 다리, 강줄기 따라 수심 얕은 상류까지 돌아 건너야 했던 조선 다리에 대해 불평을 하고 있다.

일본 제국주의의 통감(統監) 정치 시대, 데라우치 통감은 적어도 일본 야포 2문이 동시에 건너갈 수 있고 그 무게를 감당할 수 있는 다리와 길을 우선적으로 놓고 확장해야 한다고 치도 방침(治道方針)을 실천에 옮기고 있다. 이것은 길과 다리를 침략에 이용할 줄 아는 일본 제국주의의 사고 방식으로는 당연한 것이었다.

하지만 외침에 찌든 한국인은 다리를 크고 넓게 놓는다는 것은 바로 한국을 먹어드는 외세 침략의 통로로밖에 인식할 수 없었기 때문에, 당시 뜻있는 사람들은 데라우치의 치도 시책에 완강하게 반대하고 나섰다.

일본 침략과 개화 풍조가 고개를 들자 광무 8년에 음독 자결한 보수파 학자 이병준(李秉璿)은 다음과 같은 유서를 남기고 있다.

'만약 조선의 길이 넓고 다리가 단단했던들 조선 역사는 잦은 외침에 찢겨 아예 남아나지도 않았을 것이다.'

길과 다리가 없어 그나마 나라의 명맥이 이어졌다는 조선 사관(朝鮮史觀)은 그만큼 보편적이었다. 그러기에 대소(大小)의 강 운수는 나루터끼리 나룻배가 유일한 수단이었고, 능참배 등으로 국왕이 도강해야 할 때만 임시로 배다리〔舟橋〕를 놓았다. 배다리란 각종 대소의 배를 모두 징발해 나란히 이어놓고, 그 위에 판자를 깐 임시 부교(浮橋)인 것이다.

'왕실에서 강을 건널 때는 삼군 장수(三軍將帥)가 강 이편 저편에 열지어 서 있고 각과 북을 호응 취주(吹奏)하는 가운데 좌군의 구운(九運)이 선행을 맡고 중군 십칠운(十七運)이 그 뒤를

받치고 어가(御駕)가 행차했다. 후미는 우군 삼운(三運)이 맡았다.'

이런 대단스런 배다리 도강을 했던 것이다.

연산군은 시흥 청계산(淸溪山)으로 사냥갈 때에도 말 너댓 마리 건너가면서 이 배다리를 놓도록 하명했다. 임금 행차 때의 배다리는 대개 8백여 척의 배가 징발되었고, 배다리를 놓는 데 20여 일이 걸렸으며, 이 배다리가 놓여진 동안에는 한강의 수운이 두절되었다. 그러기에 백성의 원한은 이 배다리와 직결되곤 했다.

강원도 뗏목 장수
뗏목 뺏기고 울고 가고
전라도 알곡 장수
통배 뺏기고 울고 가면
마포 객주 발뻗고 울고
노나루 색주가 머리 잘라 판다.

한강 원가(漢江怨歌)가 퍼졌음직하다. 이 같은 다리 기피로 생겨난 부작용은 우리 백성의 비가(悲歌)로 번져 나갔던 것이다.

여기 서울 성 안팎에 예외의 다리가 몇 개 있었다. 지금은 복개되고 없는 경복궁 정문 광화문 앞에 있던 금천교(禁川橋), 장충단공원으로 옮겨진 청계천 수표교(水標橋), 아직도 그 일부가 남아 있는 성동교(城東橋) 동쪽의 전관교(箭串橋)가 그것이다. 이 세 다리가 한국에서 손꼽는 영구(永久)다리인 돌다리였다. 물론 외적의 침입에 아랑곳없는 곳이기에 돌다리가 놓여졌던 것이다.

아직도 제자리에 놓여 있는 전관교를 걸어 본 것은 유일한 예외의 그 다리를 거닐면서 다리를 놓을 수 없었던 민족의 비애에 공감하기 위해서다.

전관(箭串)이란 말은 화살이 꽂혔다는 뜻으로 '살꽂이'란 이곳 지명을 한문으로 의역한 것으로 보여진다. 왜 이 인근을 살꽂이라 했을까.

이 태조(李太祖)가 그의 계비(繼妃) 소생인 여덟째 아들 방연(芳碩)을 세자로 삼고 정도전(鄭道傳)이 이 세자를 옹립하려 하자 이에 불만을 품은 다섯째 아들 방원(方遠, 태종)이 왕자의 난을 일으켜 계비 소생의 두 아우와 이를 옹립하려는 공신을 살해하고 정권을 잡았다.

이에 분노한 태조는 함흥 별궁으로 들어가 두문불출하였다. 태종이 이 분노를 풀게 하고자 사죄사를 보낸 족족 죽였다는 함흥 차사의 이야기는 유명하다.

유일하게 목적을 이루고 태조의 환궁을 주선한 차사가 박순(朴淳)이요, 태조가 서울에 돌아온다는 전갈을 받은 태종은 공신이요, 가장 신임하는 측신 하륜(河崙)으로 하여금 한강 연안에 큰 차일을 치고 손수 나가 태조를 맞을 차비를 했다. 하지만 영리했던 태종은 무언가를 예감하고 차일 받치는 기둥을 유별나게 굵고 큰 것으로 세우게 했다.

돌아온 태조가 멀리서 차일 속의 태종을 보자 가라앉았던 분노가 다시 치솟아 별안간 활시위를 당겨 태종을 향해 화살을 쏘았던 것이다. 태종은 예상했던 바라 재빨리 차일 기둥을 안고 몸을 피했고, 화살은 그 기둥에 꽂혔다. 이에 태조는 '천명이로다.' 하고 독백을 했다 한다.

이 고사(故事)가 연유되어 화살이 꽂힌 곳이라 하여 살꽂이벌이란 지명이 생겼다 한다. 이 살꽂이벌에 돌다리를 놓기로 작심한 것은 바로 살꽂이의 고사를 있게 한 태종이었다.

왕위를 세종에게 물리고 상왕(上王)으로 물러앉았던 태종은 세종 2년에 그가 묻힐 능(陵)을 광주 대모산(大母山)에 잡고, 그 능행(陵行)을 편리하게 하기 위하여 당시 영의정이던 유정현(柳廷顯)을 시켜 다리를 놓게 하고 자신이 직접 감독했다. 그 후 성종 때 이 다리를 대폭 늘렸는데 그 당시 돌을 1만 석이나 깨어 3백여 보 길이의 다리를 놓았다. 그런데 그 구조가 어찌나 튼튼했던지 '편안하기가 집과 같고 오고 가는 사람이 마치 평평한 땅을 밟는 것 같다.'고 했다. 길이 2백 58척에 폭이 20척이나 되는 꽤 넓고 긴 돌다리였으나, 대원군이 집정했던 고종 초년 이 다리 폭은 겨우 3척 남짓으로 줄어들었다.

병인(丙寅)·신미양요(辛未洋擾)를 겪은 대원군은 서양 함대가 한강으로 거슬러오지 못하게끔 행주 앞바다에 강저석성(江底石城)을 쌓았는데 이때 팔도의 석재(石材)가 징발되었다. 살꽂이다리의 석재도 이때 징발되어 배에 실려 행주 강바닥에 놓여졌다. 20척 폭이 3척 폭으로 줄어든 연유가 이에 있었던 것이다.

생각해 보면 유일한 영구 다리였던 살꽂이 다리마저 뜯겨 외적을 막는 임기응변용으로 전용되었으니 정말 다리와 우리나라의 함수 관계는 무상함을 알 수 있다. 물론 그 큰 강 물살 속의 석저성(石底城)이 남아날 리 없어 모두 흘러가 버렸음은 두말할 나위가 없고 말이다.

뚱이라는 불명예

수치스런 뚱이

❀ ❀ ❀

'뚱이'란 말은 좀도둑을 뜻하는 은어다. 마을에서 손짓 나쁜 여자나 학교에서 손버릇 나쁜 아이를 두고 욕할 때 뚱이라는 말을 곧잘 썼다.

뚱이가 좀도둑으로 불리게 된 연유는, 중국 사람이 자존(自尊)으로 변방의 약소국을 천하게 여기는 말로서 동녘 오랑캐〔東夷〕란 뜻이다. 중국에 사신과 함께 갔던 많은 하인들의 나쁜 손버릇이 곁들여 욕설이 된 것이다.

옛날 많은 중국 사신들의 기록을 보면, 사신 수행하는 마부·교군(轎軍) 등 하인들이 기나긴 도보 여행 중 상습적인 도둑질을 하여 사신 행차 길 옆에 사는 사람들은 가게 문을 아예 잠가 버렸다고 한다.

　길거리에서 파는 음식을 먹고 돈을 치르지 않는 일도 숱하게 있었고, 호란(胡亂) 때 잡혀가서 집단을 이루어 살고 있는 한국인촌을 지나면서도 노략질이나 좀도둑질을 하는 것도 부지기수였다고 한다.

　그리하여 중국 사람들은 한국인이 오면, "뙁이, 뙁이." 하며 욕을 했을 게고, 이 말이 좀도둑이란 이미지를 곁들이게 되면서 하인들끼리 욕을 할 때 뙁이라 했던 것이다. 그리고 이 말이 본국에 돌아와서도 좀도둑이란 뜻으로 쓰이게 된 것이리라.

　한데 그 옛 말이 오늘날까지 살아남을 수 있었던 저력은, 한국인이 그 말을 한국인에게 씀으로써 중국인이 갖는 보다 높은 지위에 자신을 올려 놓을 수 있고, 또 한국인이 갖는 비천한 개념에서 자기를 소외시킬 수 있다고 생각했기 때문이었을 것이다. 또 이 말은, 외국인이 한국인을 비웃을 때 쓰는 말을 한국인이 자조적으로 쓰는 넌센스이기도 하다.

　그러기에 좀 양식이 있고 주체적 성향이 있는 사람들은 중국에 가서 필담(筆談)을 쓸 때 동이(東夷)의 오랑캐 이(夷) 자를 떳떳할 이(彝)자로 씀으로써 사대주의나 자조적 풍조에 작으나마 반항을 했던 것이다.

날쌘뚱이

❀ ❀ ❀

중화 사상은 북쪽의 이민족을 개에 비겨 북적(北狄)이라 하였고, 서쪽의 이민족을 염소에 비겨 서강(西羌)이라 하였으며, 남쪽의 이민족을 벌레에 비겨 남만(南蠻)이라 하였다.

또 서방의 이민족을 축생(蓄生)으로 천대한 그 사상에서 단 하나의 예외가 동쪽의 이민족인 한족(韓族)을 부르는 동이(東夷)였다. 한(漢)나라의 가장 오래된 사서(辭書)인 《설문(說文)》에 보면, 큰 활을 쓰는 종대종궁(從大從弓) 동방인(東方人)을 동이라 하였다.

'이(夷)'를 풀어보면 대(大)와 궁(弓)의 합자임을 알 수 있다. 동쪽의 무용을 높인 말인데 모화의 후천적인 문명이 오랑캐 이(夷)로 타락시킨 것이다.

중국 각종 문헌의 《동이전》을 보면, 그들 동방의 이민족인 부여(夫餘)가 대궁(大弓)을 쓴다 하였고, 숙신족(肅愼族)이 고시(苦矢)와 청석(靑石) 활촉의 석노(石弩)를 쓴다 하였다. 또 동해안에 취락했던 예(濊)의 단궁(壇弓), 맥(貊)의 맥궁(貊弓)에 대해 기록하고, 그 나라들이 튼튼하여 선세(先世)로부터 한 번도 침략당하지 않았음은 그 좋은 활 때문이라고 언급하고 있다. 이 무용의 이맥(夷脈)은 태백산맥 연해안을 따라 꾸준히 있어 왔던 민족 이동이 신라에까지 그 명맥을 잇고 있는 것이다.

진흥왕(眞興王) 때 신득(身得)은 성에다 포노(砲弩)를 설비하여 외구를 물리쳐 이맥을 이었고, 문무왕(文武王) 때 구진천(仇珍川)은 천보궁(千步弓)으로 당대에 동방에서 이름이 났다.

당 태종(唐太宗)이 그 제궁술(製弓術)을 탐내어 구진천을 불러다 천보궁을 만들라고 시켰는데, 그가 만든 것은 삼십보궁(三十步弓)에 불과하였다. 그 이유는 궁재(弓材)가 신라 것이 아니기 때문이라 하자 당 태종은 사신을 보내어 그 편에 궁재를 들여보냈다.

그러나 구진천이 신라 궁재로 만든 활 역시 천보궁이 못 되는 육십보궁(六十步弓)에 불과하였다. 이유를 묻자 당나라까지 오는 동안 물기가 배어 그렇다는 것이었다.

당시는 신라와 당나라 사이가 좋지 않던 때라 이 제궁술은 국가 기밀이었다. 재물로 유인하고, 미희로 유혹하며 혹형으로 협박했지만 구진천은 끝내 그 기밀을 밝히지 않고 조국 신라에 대한 충성심과 영예로운 이맥에 순교하였다.

이 영예로운 이맥이 어쩌다 문명의 때 때문에 뚱이라는 불명예로 타락하였으며, 특히 그 장한 이맥을 지역적으로 이어내린 태백산맥과 그 연해안 지방의 장한 선조들의 후손들 틈에 어찌 이 말이 억세게 남아 있어 역사를 우습게 만드는지 알다가도 모를 일이다.

영광의 대장장이

아웃사이더의 음모

❋ ❋ ❋

　신라 세 왕성(王姓)의 하나인 석(昔)씨가 박(朴)씨의 왕위를 계승했음은 하나의 쿠데타였다.

　석씨의 선조 석탈해에 관해 《삼국사기》는 왜국(倭國)에서 동북쪽 1천 리에 있는 다파나국(多婆那國)의 왕자인데 난생(卵生)했다 하여 바다에 띄웠으므로 신라땅 아진포(阿珍浦)에 표류한 것으로 기록하고 있다.

　《삼국유사》에는 왜국에서 동북쪽 1천 리에 있는 용성국(龍城國) 왕 함달파(含達婆)의 아들로 되어 있다.

　이 기록을 두고 다파나국이 어디에 위치한 나라였는지는 모르나, 중국 문헌인 《위서》〈세종기(世宗紀)〉에 다파나국에서 조공을 했다는 기록이 있는 것으로 미루어 실재했던 나라라고 추정된다. 그 나라에서 표류해온 이방인이라는 학설과, 석탈해의 부왕으로 적혀진 함달파가 도리천에 사는 악신(惡神)으로서 바다 멀리 신기루를 만드는 등 환술에 능한 초인(超人)으로 불전에 기록되었음을 지적하고 용신(龍神) 사상에 탄생을 결부시키기 위해 이방인처럼 조작된 신라 사람으로 다만 신라 왕통을 잇는 선택된 부족이 아닌 다른 부족이라는 학설이 있다. 이같이 신라의 엘리트 사회에서 이웃사이더였던 석탈해는 지역적으로 외곽인 토함산 석굴에서 살았으며, 핵심부인 월성(月城)에 파고들어 음모를 꾀하였다.

 탈해는 당시 대보(大輔) 벼슬에 있던 호공(瓠公)의 집에 이르러 그 집을 빼앗을 간계를 부려 그 택지 아래에 숯을 대량 묻어 두었다.

 그리고 호공을 만나, '나는 본래 이 집터에서 살던 대장장이인데 오래 전에 출타하여 살다 돌아와 보니 내 터에서 당신이 살고 있었소. 이 터를 파 보면 옛날에 대장질할 때 썼던 숯덩이들이 나올 것이니 감정해 봅시다.'라고 했다. 이같이 하여 석탈해는 월성에 진출한다.

 이 대목에서 석탈해가 대장장이였다는 대목은 많은 것을 암시해 주고 있다.

 석기(石器)를 주로 썼던 시절에서 철기(鐵器)를 쓰는 시절로 옮겨 오면서 쇠를 늘리고 줄이는 대장장이는 주력을 지닌 반신인(半神人)으로 여겨졌고, 이 같은 생각들은 대장장이를 사제(司祭)로 또는 지배자로 추대했던 것이다.

쇠가 무서운 조선 귀신

❀ ❀ ❀

　대장장이가 무술적 지배자가 되었던 사실은 세계 공통적이나 시베리아·만주·몽고 등 한국 민족이 이동해 왔던 지역에서 더욱 두드러진다.

　돌궐(突厥)의 개국 시조 아사나(阿史那)는 늑대와 사람의 혼혈아로 쇠를 잘 다루는 대장장이였다 했고, 라시트의 《몽고사》를 보면 몽고왕의 원조(遠祖)도 대대로 대장장이였으며 이 자랑스러운 왕통의 습성은 그 후에 의식화되어 몽고 왕실에서 설날이면 반드시 쇠를 불에 달구어 군주 종친이 차례로 이를 치는 의식이 근세까지 남아 있었다고 한다.

　한국 무속을 서양에 최초로 소개한 C.A 클라크는, '조선을 비롯한 동양의 귀신들은 쇠에 대해 치명적인 공포를 지니고 있으며, 쇠라는 호칭만으로도 귀신을 쫓을 힘이 있는 것으로 알았다.' 고 전제하고, 한국의 무당들이 무당옷에 쇠로 만든 접시나 화살 같은 쇠붙이를 주렁주렁 달고, 또 칼질로써 스스로를 황홀경에 몰아넣는 것 등은 모두 이 쇠 가운데 강한 주력이 깃들어 있는 것으로 믿었기 때문이라 했다.

석탈해가 대장장이였거나 또 대장장이를 참칭했던 것에 지배자에로의 길을 더듬는 과정에서 대장장이가 획기적인 역할을 했다는 것은 한국의 고대 사회에서 예외없이 주사군주(呪師君主)의 습속이 있었음을 증명해 주는 것이 된다.

《위지》〈동이전〉에 보면 신라 이전의 나라였던 진한(辰韓)에 쇠가 난다고 하였고, 철기(鐵器) 시대로서 신라 건국 시대가 입증되고 있어 이 명예로운 대장장이가 신라에 있을 수 있었던 것이다.

그 후 석탈해가 지력이 비범하다 하여 왕의 사위가 되고 왕위에까지 오르게 되는데, 왕위에 오른 요인이 쇠를 다룬다는 주력에 있다고 보며, 그 후 이 주력은 신라에 중흥된 용신(龍神) 사상과 야합되어 탈해 설화가 형성된 것으로 보인다.

추악한 한국인

춤추는 조선 장교

❋ ❋ ❋

대원군은 한 유대인으로부터 집요한 도전을 받았다. 중국 상해에 와 살고 있던 가난한 유대인 오페르트는 그곳 영국 상사의 제임스 위털 사장에게 간청하여 쇄국 조선으로의 탐험 여행을 제의하였다.

그리하여 사장의 승낙으로 동 상사 소속 로즈 호를 한국 쪽으로 돌려 서해안 아산만에 닻을 내렸다.

오페르트와 모리슨 선장이 중국인 통역을 데리고 포구 마을에 상륙하자 주민들은 이양인(異樣人)의 접근을 두려워하여 징을 치면서 모두 뒷산으로 피난하였다.

오페르트는 두려움에 벌벌 떠는 마을 사람들을 회유하기 위해 빈 병과 궐련, 성냥을 주어 호기심과 친절을 베푸는 한편 권총을 쏘아댐으로써 공갈을 하였다. 권총 소리에 놀라 마을 사람들은 다시 한 번 뒷산으로 피난하였다.

그런 희극이 벌어지고 있는 동안 해미 현감 김응집(金應集)은 오페르트의 배를 방문하고 한 시간에 걸친 지루한 대면 의례를 마친 다음 필담(筆談)을 나누었다. 오페르트의 통상을 하자는 제의에 현감은 상부의 지시를 받겠으니 6일 동안만 기다려 달라 하고 이들이 베푸는 선상 파티에 참석하여 낯선 양식으로 향응을 받았다.

향응 중 우리측 고관 한 명이, 이 파티에 참석해도 좋은가고 명함을 들여 보냈다. 고급 장교인 그는 먼저 현감 앞에 꿇어 엎드려 인사를 한 후 양주를 마시며 녹초가 되어 놀았다.

특히 장교는 유성기 박자에 맞춰 신나게 춤을 추면서 어울리지도 않는 조선 노래를 불러댔다. 하지만 현감은 끝내 냉정하게 앉아만 있었다.

유성기와 더불어 열광하며 외세와 놀아나는 우민(愚民)과 그 틈바구니에서 고민하는 현감의 정치 양상이 잘 표현된 역사적 단면의 스케치이다.

어쨌든 오페르트와 약속하고 돌아간 현감은 약속한 기일에도 불구하고 나타나질 않았다. 화가 난 오페르트는 감사가 있는 공주까지 가겠다고 권총을 들고 육로 여행을 떠났다. 이에 한국 관리들은 야단이었다. 대원군의 쇄국령이 한 겁없는 이양인에 의해 무시되고 있었으니, 이를 막지 못한 관리는 목을 내놓아야만 했기 때문이다.

하지만 어느 한 기지 있는 관리의 꾀로 오페르트를 그의 배가 있는 포구로 돌려 보낼 수 있었다. 이 관리는 울긋불긋한 정기(旌旗)와 나팔과 꽹과리를 치며 오페르트를 환영하고, 감사의 공신(公信)을 가진 사자가 곧 배 있는 쪽을 향해 떠나니 인도해 주겠다고 속임수를 쓴 것이다.

돌아오는 길에 오페르트는 한 마을의 나팔수가 죽도록 곤장을 맞고 있는 우스꽝스러운 광경을 목격하였다. 어느 이양인이 지나가는데도 자신의 의무인 나팔 부는 것을 게을리해 마을 사람들이 그 통행을 막지 못했던 데 대한 징벌을 가하고 있는 모습이었다.

한데 오페르트가 그 영문을 물었을 때 그를 인도하던 꾀 있는 관리는, '의당 당신 같은 귀빈이 마을을 지나가면 나팔을 불고 환대하며 길을 인도해야 하는데, 그것을 게을리했으므로 가하는 중벌'이라고 거짓풀이를 해 주었다.

기분이 좋아진 오페르트는 자비심을 베풀어 이 나팔수를 용서해 주도록 청하였다.

'구출된 그 불쌍한 나팔수는 이제 우리 행렬 선두에 나섰다. 한 손으로는 요란스런 큰 나팔을 불고 다른 한 손으로는 얻어맞은 엉덩이를 쓰다듬으며 오만상을 찌푸리는 꼴이 나에겐 무척 우스웠다.'

이렇게 오페르트는 관리의 꾀에 속은 줄도 모르고 열심히 당시 상황을 기록해 놓고 있다.

대원군의 쇄국에 단신으로 도전한 오페르트가 한강 어귀를 찾고자 서해안을 북상하고 있을 때 그 연안에는 이양선을 염탐하는 즉석 초소가 세워졌었다.

염탐받고 있다는 사실을 안 오페르트는 매우 불쾌했다. 그래서 수부도(水夫刀)와 소총으로 무장한 수부 10여 명을 거느리고 상륙, 초소를 습격하여 차일을 부수고 도망치는 조선 병사의 뒤를 쫓아갔다.

한데 마을 어귀까지 도망치던 그 병사가 갑자기 뒤돌아 멎더니 무릎을 꿇고 무언가 애원을 했다.

"저희 아버지만은 해치지 말아 주십시오."

쫓긴 병사의 아버지가 그 마을에 살았던 것 같다. 물론 뒤쫓아간 침입자는 이 애원이 무엇을 뜻한 것인지 전혀 분간을 못해 어리둥절했다고 한다.

이 불쾌한 촌극에서 우리 한국인 전체의 가치관을 축소해 본다는 것은 슬픈 일이 아닐 수 없다. 차일을 치고 침입자인 이양선을 지켜보는 것은 나라를 위하는 일이다. 한데 나라를 위한다는 정신적 농도는 제로의 한계를 밑돌아 마이너스적으로 묽고, 아버지를 위한다는 정신적인 농도는 생명을 버릴 각오를 하리만큼 플러스적으로 진하다. 임금(나라)의 경계에 침입자가 들어온 것은 아무렇지도 않고, 아버지의 경계에 침입자가 들어와서는 안 된다는 전통적 가치관의 가장 적절한 표현을 이 조선 병사가 보여 주고 있는 것이다. 대부분의 조선 병사가, "우리 아버지는 죽이는 일이 있어도 나라만은 넘보지 말아 달라."하고 애원한다는 법이 없었다.

양 거울과 강화 아가씨

❀ ❀ ❀

강화도 관리들은 한강 어귀를 못 찾아 헤매고 있는 이 이양인에게 그 어귀를 감추는, 적어도 그만큼의 소극적인 의무는 다하고 있었다.

"이 강의 이름이 무언가?"

"모른다. 이 강에는 도무지 이름이라고는 없다."

"이 강이 한강이라는 것을 당신이 모른다고 해서 우리가 돌아갈 줄 아는가?"

이같이 이양인으로부터 나라를 지키고 싶은 소극적인 노력을 진행하고 있는 동안, 이 이양선의 뒤쪽에서는 다른 한 한국인과 엉뚱한 홍정이 오가고 있었다. 무언가 얘기하고 싶어하는 한국인이 낚싯배를 저어 이양선에 올라타게 해달라고 애원을 했다. 올라탄 한국인으로부터 들은 얘기를 오페르트는 다음과 같이 기록해 놓고 있다.

'그는 지금 얘기를 주고받고 있는 지방 관리들이 악의에 찬 나쁜 사람들이라는 것을 우리에게 알려주기 위해 왔다는 것이었다. 술이 몇 잔 들어가자 그는 더욱더 말이 많아졌다. 그리하여 이곳에서 서울까지 겨우 50마일밖에 떨어지지 않았다는 것, 우리 배가 충분히 들어갈 수 있다는 것 등 지방 관리와는 전혀 반대되는 사실을 그로부터 알게 되었다. 그리고 그는 또 이 이양선이 서울 가는 뱃길을 찾고 있다는 것을 섬사람들은 모두 기뻐하고 있다고도 말했다.'

이 추악한 한국인의 고자질에 용기를 얻은 교활한 유대인은 한강 어귀가 아니라고 성내어 부정하는 한국 관리에게 마냥 빈정대며 약을 올렸다.

이 같은 매국적인 일을 그토록 수월하게 할 수 있었던 이 추악한 한국인이 정보를 제공함으로써 얻은 대가는 약간의 빈 병과 금테 둘린 손거울이었다.

이렇게 얻어간 거울은 그날 밤 그의 아내와 딸들, 그리고 마을 여자들이 서로 들여다보고 예쁜 자기네 얼굴을 신기하게 바라보았을 것이라고 오페르트가 그날 일기에 적어 놓고 있다. 그 신기한 것을 얻어올 수 있었던 그 추악한 한국인이 그 옆에서 마른 기침을 하며 뽐내고 있었을 것도 상상할 수 있겠다. 그건 분명히 이지러진 한국의 역사적 단면이 아닐 수 없다.

오페르트의 강화 침입 소식에 접한 운현궁에서 서로 으르렁대고 있는 동안 오페르트는 목가적인 강화의 언덕에서 한 개성 상인의 귀여운 아들 손을 잡고 유유자적 산책을 하고 있었다.

또 조정에서 이 유대인의 침입을 두고 운현궁의 강경책을 신중히 논의하고 있을 때, 강화 사람들은 이양선의 바이올린 잘 켜는 어느 기관사의 바이올린 소리에 취해서 어깨를 으쓱대고들 있었다.

한편 이 유대인의 침입에 대처하기 위해 한강의 상선들에게 총동원령이 내려지고 있을 무렵, 이양선의 갑판 위에서는 구경 왔던 한 뱃사공이 선장실에서 은스푼을 훔치다 들통나 난리를 치고 있었다.

대원군의 아버지인 남연군(南延君)의 묘소를 파헤친 충격적인 사건은 바로 이 땅벌같이 집요한 오페르트의 제3차 항해 때 저질러졌다. 우리 역사는 그 무덤을 파헤친 장본인이 바로 대원군에 대한 앙갚음을 집요하게 노리고 있던 오페르트였다고 기록하고 있다.

오페르트가 이 묘소 도굴을 지휘한 것은 사실이다. 하지만 이 같은 발상은 그의 2차 항해 때 프랑스 신부 페론·칼레 등과 더불어 오페르트에 의해 구제되어 중국 상해에 망명할 수 있었던 한국인 천주교도 최선일(崔善一)에 의해 제기되고 추진되었음이 오페르트의 수기에서 밝혀지고 있다.

최선일은 프랑스 신부 페론에게 대원군이 굴복할 수 있는 묘안을 냈다. 대원군이 자신의 아들이 왕위에 오르고 대권(大權)을 쥐게 된 것은 오로지 남연군 묘소의 풍수 발복(發福)으로 여기고 있으니, 이대천존지지(二代天存之地)의 이 발복을 보장하는 비보(秘寶)가 그 무덤에 묻혀 있다고 믿는 도참 정치(圖讖政治)의 한 낭설을 역이용하자는 것이었다.

즉 대원군은 비록(秘錄)을 대단히 깊이 신봉하고 있으며, 자신의 영화를 가져다준 것으로 믿는 이 비보를 궁벽한 산 속에 간직하고 있다 했다.

최선일 등 조선 사람들은 만약 비보를 훔쳐 갖는다면 대원군은 자신의 권력을 빼앗긴 것과 같이 생각할 것이며, 사실상 수도 한양을 점령한 것과 같은 효과가 있다는 것을 역설하였다. 그리하여 대원군은 이것을 다시 찾기 위해 개국이나 통상보다 더한 조건과도 바꾸려 들 것이 뻔한 일이라고 했다.

이 여의주 탈환에 고무받은 페론 신부와 오페르트는 남연군 묘소 도굴의 대부대를 편성, 도굴선을 한 달 5천 냥으로 세내어 6문(門)의 대포로 무장시켰다. 육전대원(陸戰隊員)으로 완전 무장한 청국인 1백 명, 마닐라 선원 20명을 고용하고 안내인으로 최선일을 동승시켰다.

그리고 1868년 4월 30일 상해를 출발, 일본 나가사키에 가서 3천 6백 달러로 소총 두 상자를 구입, 육전대원을 완전 무장시켰다.

덕산(德山) 삼교천을 보트로 기어올라 구만포(九萬浦)에 상륙한 것은 오전 11시, 이미 최선일은 덕산의 천주교도인 김여강(金汝江) 등 8명과 내통하여 1백 20여 명의 무장도굴 육전대를 인도하여 덕산읍으로 들어가 있었다. 그런데 이 읍의 입구에서 또한 추악한 한국인이 탄생하고 있다.

일단의 한국 병사가 이 도굴대의 행진을 가로막았다. 오페르트는 이 한국병대의 지휘관에게 점잖게 길을 비키라고 하였다. 이 외마디 말에 수십 명의 병사들은 슬금슬금 뒤돌아보며 도망쳤다.

'혼자 남게 된 이 지휘관은 역시 뒤돌아보며 도망치려고 눈치를 살피더니 입장이 난처해지자 거짓 웃음을 웃으며 나에게 접근, 우리가 목적하고 있는 묘소의 가장 가까운 길을 귀띔해 주며 앞장서서 걷기까지 하였다.'

외적을 막는 한국 군대의 꼴이 이 정도였으니, 오페르트는 이 같은 군대를 믿고 호통치는 대원군을 생각할 때 가소롭기 짝이 없었을 것이다.

이 도굴대는 아무런 저항 없이 덕산 동헌을 점령하고 자신들을 일본군 또는 러시아군이라고 속여 말했다. 상가리의 남연군 묘소로 향하는데 내려쬐는 뙤약볕에 수부(水夫) 하나가 일사병을 얻어 졸도하였다. 이에 당황하자 덕산읍의 한 고급 관리는 청하지도 않았는데 재빨리 가마 하나를 마련해 와서 이들의 노략질을 도와주었다.

추악한 한국인은 계속해서 탄생하였다. 이들이 목적지에 도착한 것은 오후 5시, 병석(屛石)으로 두른 무덤을 파헤치는데 4개의 삽만으로는 당랑(螳螂)의 도끼 정도도 못 되었다. 손을 못 대고 당황하고 있을 때 솔선해서 곡괭이와 지렛대 등을 마련해다

바친 것이 덕산의 관리들이었다.

대원군의 증손인 이기용(李埼鎔)의 증언에 의하면 이 묘소 이장 때 어느 한 풍수장이가 장래 도굴의 염려가 있다고 예언하였으므로, 많은 노력과 비용을 아끼지 않고 암반을 파낸 후 관을 안치하고 석회를 무려 3백 포나 짓이겨 굳혔다 한다. 이들이 병석을 무너뜨리고 봉분의 흙을 절반쯤 헐어 밑으로 파들어갔을 때 이 공고히 굳은 석회층에 부딪히게 된 것이다.

시간은 이미 열두 시간이나 경과되고 있었다. 간만의 차가 심한 서해 연안에 배를 대 놓은 오페르트는 만조(滿潮)가 되는 먼 동이 틀 때까지 돌아가지 않으면 안 되었다. 그러므로 이 대원군의 여의주를 찾는 작업을 일단 포기하고, 마침 이들의 퇴각을 숨겨주는 짙은 안개 덕택으로 무사히 배로 돌아갈 수 있었다. 만일 이 후퇴가 한 시간만 늦었던들 그들은 조선의 대군에게 포위되어 전멸당했을 것이라고 회고해 놓고 있다.

지금 덕산 지방의 아리랑에, '양국(洋國)의 차진 안개는 혜안봉을 돌아든다.' 하는 대목이 있다. 서양의 악귀들이 묘소가 있는 혜안봉의 안개에 몰려 도망쳤다는 사실을 빗대는 노래일 것이다. 무력이나 권력 앞에 영합하면서 노래 속에서만 소극적으로 저항하는 슬픈 한국적 전통의 단면을 이에서 똑똑히 볼 수 있는 것이다.

영종도의 송아지 전쟁

❈ ❈ ❈

 도굴에 실패한 이 담이 큰 유대인은 한강 어귀의 어느 한 섬을 점령함으로써 대원군의 악을 올리려는 작전으로 바꾸었다.

 이들이 영종도에 상륙, 내륙에 진군하는 동안에도 또 다른 많은 추악한 한국인이 있었다는 것은 서글픈 일이 아닐 수 없다.

 5백여 명의 수비 병사들, 그리고 섬 사람들은 이들 옆에 접근하여 그들이 주는 술을 얻어 마시면서 대원군과 운현궁의 측조자들을 앞다투어 욕하였다. 이때 욕을 많이 한 사람에게 술을 더 주었으므로 서로 싸우면서 욕을 하였다고 한다.

 이들은 오래 가지 않아 외국 사람들이 강력한 군대를 데리고 와서 자신들을 해방시켜 줄 것을 굳게 확신하고 있다고 했다. 그 시기가 박두해 왔다고 생각한 그들은 외국 군대가 들어오는 것을 갈망했다는 증표를 하나씩 써 달라고 열심히 졸라대는 것이었다. 외국 군대가 들어오면 그 증표를 보이고 보신하겠다는 심산이었다.

 그런 사람의 대부분이 관리나 병사들이었다는 점이 자신의 이목을 끌었다고 오페르트는 수기에 적어 놓고 있다. 한데 이와 같이 매국적 아부에 급급했던 영종도 병정들이 갑자기 이 도굴단에게 총격을 가하기 시작했다. 동기는 이러했다. 앞서 남연군 묘소를 도굴하러 갈 때 일사병으로 쓰러졌던 수부가 들판에 매어 놓은 송아지를 훔쳐 배로 끌고 간 것을 보았기 때문이다.

5백여 명의 병사가 이들을 향해 발사했고, 섬 사람들은 투석을 하였다. 이에 두 명의 마닐라 수부가 사살되었으며, 문제의 송아지 도둑은 어깨 뼈에 총을 맞았다.

송아지 도둑이 총을 맞고 송아지가 되돌아오자 총격은 멎었고 이 이양선은 닻을 올려 돌아가 버렸다. 당시 한국인들은 나라를 도둑질하려는 큰 도둑에게는 그렇게 너그러웠고 또 도둑질마저 도와주었으나, 일개 송아지 한 마리를 도둑질당하는 데는 그토록 분개하고 용감할 수 있었던 것이다.

한국 관리의 슬픈 스마일

❀ ❀ ❀

신미년(1883), 미국 함대가 인천 앞바다 작약도와 율도 가운데 닻을 내리고 선원들이 동트는 서해의 절경에 찬탄하고 있을 때였다. 안개를 뚫고 수명의 한국인들이 낚싯배를 타고 손을 흔들며 다가갔다.

이들은 미국측이 한국 조정에 내는 선전(宣戰) 통고문을 수령하러 온 한국 지방 관리였다.

선전 통고문을 받았음에도 이 관리들은 태평스레 이들로부터 양식의 향응을 받고 뱃속을 두루 관람하고 다녔다. 그리고 호기심에 찬 미국 병사들이 사진을 찍겠다고 하자 여러 모로 포즈를 취해주기도 했다.

그때 찍은 사진 가운데 하나가 그리피스의 《은자(隱者)의 나라 코리아(1889)》에 실려 있다. 망건·상투·행전·짚신 차림에 긴 담뱃대를 문 이 지방 관리는 함대에서 선물로 준 열 병의 맥주 병과 미국 신문지를 들고 있다. 개중에는 빈 병도 끼여 있음을 알 수가 있다. 기록에 의하면 사진사로부터 이곳을 응시하고 웃으라는 요구를 받았다 하는데, 스마일 요구에 응해 어색하게 지은 얼굴이 웃는지 우는지 분간 못하게끔 찍혀져 있었다. 그 얼굴에서 당시 한국이 처한 국제적 위치를 한 눈에 보는 것만 같다.

선전 포고 즉 통고문을 받은 국가 대표의 그 태평스러움이며, 앞으로 닥칠 국난(國難)에의 무책임함이며, 국가 대표가 맥주 빈병 같은 것이나 얻어오는, 그리고 '스마일!' 하면 '스마일' 하는 바보스러움이며…….

이 관리가 얻어 들고 있는 신문은 〈이브닝 새터데이〉, 〈보스톤 일러스트레이트 뉴스 페이퍼〉 등 두 가지 미국 신문이었다. 공교롭게도 그날 신문의 톱기사에는 '문명(文明)이 흘러드는 다리'라는 타이틀이 붙어 있었고, 또 전면에 게재된 인물 사진의 주인공은 당대 미국에 많은 영향력을 주고 있던 휴머니스트 찰스 섬머였다.

선비 사상의 황혼

❀ ❀ ❀

이상 열거된 추악한 한국인의 통성(通性)에서 어딘가 또는 무엇인가 잘못된 한국인의 가치관을 가늠해 보지 않을 수 없다. 비전이 없는 민족은 망한다고 헤브류의 예언자는 말했다. 그리고 온 민족이 한결같이 소중히 여기는 것은 민족이 한결같이 나누어 가질 수 있는 것으로 바로 그것만이 민족이 살 수 있는 비전이라 했다.

우리 한국의 근세사에서 잘못된 그 '무엇'이 있었다면 그것은 오늘날 한국을 낙후시킨 결정적인 원인으로 지탄받고 저주받는 '선비 사상'일 것이다. 하지만 그것은 서구의 기사도 정신이나 일본의 사무라이 정신과 비겨볼 수 있는 고유한 한국 정신이었다.

한국 선비 사상의 기초 정신은 충(忠)과 효(孝)로서 그것의 농도에 따라 선비의 품격이 평가되었다. 그것은 무기력한 대세 순응과 녹(祿)을 추종하는 무절조에 상반되는 것이었다. 또한 이해를 돌보지 않고 자신의 소신에 편안히 순절하는 정신이었고, 많은 결점을 더불어 가진 선비 사상의 훌륭한 다른 한 면으로 한국사에서 가족 질서와 국가 질서를 잡아온 근본 사상이기도 했다.

이 플러스 가치의 선비 사상이 명(明) 나라의 멸망, 조선 후기의 악정, 사색 당쟁, 그리고 양이(洋夷) 앞에 굴복한 청나라에의 실망, 대원군의 선비 천대 정책 등 복합적 요소로 이지러지기 시작하여 극히 소수의 사람에 의해 명맥을 이었을 뿐, 전체 한국 민중은 '그들이 함께 소중히 여기고 그 소중히 여긴 것을 나누어 가질 아무것'도 갖지 못했다.

그래서 무엇인가 이미 사라지고 새 것이 아직 이르지 않는 그 공백(空白)에서 한국인은 나라보다는 송아지가 더 소중하고 또 한낱 손거울이 더 소중했던 것이다.

이렇듯 비전이 없는 가치관의 공백이었으므로 한 망나니 같은 유대인은 그렇게 잘 놀아날 수 있었던 것이다.

여인 천하

신정 잉태와 남풍 잉태

옛날 함경도 지방을 근거지로 하여 생활했던 동옥저의 동쪽 바다 가운데 한 섬이 있었다 한다. 그 섬에는 남자라고는 하나도 없이 여자만 살았으며 남자 없이도 아이를 밸 수 있는 방법이 있었다. 섬 가운데 신정(神井)이 있는데 그 신정을 들여다보면 아이를 배게 된다는 것이다.

옥저에 전해진 여인국 설화는 이것이 전부다. 이 기록이 전해졌기 때문인지 중세 서양의 한국에 관한 견문 가운데 여자만 사는 여인국이 있다는 대목이 반드시 있어 서양 사람으로 하여금 한국에 관한 호기심을 촉발시켰다.

'한국에는 여인들만 살고 있는 지방이 있어 욕정을 일으키면

발을 남풍(南風)이 부는 쪽을 향해 벌린다. 그렇게만 하면 남풍이 몸 속에 들어와 임신을 한다고 한다.'

이것은 1653년 한국에 표류했던 한 네덜란드 선원의 견문록 가운데 한 대목이다.

옛날 제주도의 해녀들은 제주도 남쪽 바다 저 멀리에 이어도라는 이상적인 여인국이 있다고 믿었다.

이 여인국에 가면 여자들이 일을 하지 않아도 먹고 살 수 있으며, 일하고 와서 고된 판에 놀고 먹는 남편이 엉금엉금 기어 달라붙지도 않는 나라라 하여 해녀들간에는 선망의 대상이요, 꿈의 낙원이었다. 그리하여 오늘날까지도 제주도 여인네들이 방아를 찧고 괭이질을 할 때나 해녀들이 노를 저어 미역을 따러 나갈 때 부르는 노동요는 적지않이 '이어 이어 이어도'로 시작되고 또한 그 구령으로 끝나곤 한다.

조선 영조(英祖) 46년 10월에 제주도의 애월(涯月)에 살았던 양반 장한철(張漢喆)이란 사람이 서울로 과거 길을 떠났다가 표류, 유구(琉球) 및 동남지나해를 전전하다가 이듬해 3월에야 돌아왔고 그 표류기를 《표해록(漂海錄)》이란 표제로 저술했다.

그 표해록 가운데 풍향만 바뀌면 당황하는 선원들에게 여인국에 닿을지 모른다고 타일렀다는 대목이 있다.

또 그는 그 표해록에, '일본의 대마도는 한라산의 동북쪽에 있으며, 일지도(一岐島)는 정동 쪽에 있고, 여인국은 동남쪽에 있으며, 한라산의 정남쪽에는 대소 유구국(琉球國)이 있다.' 라고 기록하고 있다. 이로 미루어 보면 제주도의 서민뿐만 아니라 식자간에도 여인국의 실재를 믿었던 것이 분명하다.

석탈해의 표류 설화에도 탈해의 어머니는 적녀국(積女國)이라는 여인국 여자로 되어 있다. 알을 낳아서 상스럽지 못하다 하여 바다에 띄웠다고 했으나, 여인국에서 사내아이를 낳았기에 궤에 넣어 떠내려 보냈을 수도 있다.

한 씨족의 시조를 신성시해야만 했던 신화 '메이커'는 석탈해를 용성국(龍城國) 용왕(龍王)과 바다 가운데 있는 성스러운 여인국 왕녀의 결합과 연관시키고 있다.

설화적 요소가 강한 여인국 전설은 그 밖에도 많다.

또 달(韃)이라는 나라 서쪽에 아마(亞瑪)란 이름의 여인국이 있는데, 이 나라에서는 봄날에 꼭 한 남자만 들어오게 하여 아이를 배게 하는데 만약 아들을 낳으면 죽여버린다고 했다.

염제의 딸의 나라

❀ ❀ ❀

해돋이 나라인 부상국(扶桑國) 동쪽 1천여 리쯤에 여인국이 있는데 남자라고는 한 사람도 없고 모두 머리가 길어서 땅에 끌고 다니며 2~3월에 앞다투어 물속에 들어가면 아이를 갖고 6~7월에 아이를 낳으며, 이 여인국 아이들은 백 일 만에 걷고 3~4년 만에 성인이 된다고 했다.

부상국 서북쪽에도 여인국이 있는데 그곳에서는 뱀을 남편으로 하여 아이를 낳는다고 했다.

뿐만 아니라 타항곡(佗恒谷) 서남쪽에도 여인국이 있는데 여자가 강하고 남자가 유순하며, 여자들이 남첩(南妾)을 거느리고 사는데 많은 사람은 1백여 명이나 된다고 하였다.

곤명(昆明) 동남쪽의 여인국 여인들은 수컷 원숭이와 교합하여 원숭이를 닮은 수놈을 낳으면 깊은 산골짜기에 버려 밤에만 나와 살게 하고 사람을 닮은 여자를 낳으면 데리고 산다 했다.

이와 같이 우리 조상들에게는 일종의 유토피아적 상상력을 동원한 여인국에 관한 이야기가 많았다.

여인국의 실재는 문헌상 어느 하나도 실증할 수 없다. 다만 일본의 동남해 중에 있는 팔장도(八丈島)의 주민이 주로 여자였고 남자는 두서너 명밖에 없었으므로 여인국으로 속칭되었으며, 거기에 표류했던 어민들이 돌아와 이 같은 말이 번졌을 수도 있다. 또한 풍랑이 생명 및 생업에 밀접한 관계가 있었던 어촌에서는 풍신(風神)인 영등 할멈에게 부정타는 것을 두려워해 남자 금기(禁忌) 지역을 정해 놓기 일쑤였다. 이 같은 신앙이 여인국을 상상케 할 수도 있다.

원양(遠洋)에 나가 고기를 잡지 않으면 안 되는 섬에는 대체로 과부가 많고, 남은 남자들도 몇 달씩 원양에 나가 있으므로 여자만 사는 것 같은 인상을 주었고, 이것이 와전되어 여인국으로 불리었을지도 모른다.

아니면 모계 사회의 유습이 강하게 남아 있는 일부 지역에 대한 부계 사회의 전문(傳聞)일 수도 있다.

이와 같은 여성 상위의 유습이 샘이라는 생식력의 주술 또는 남풍(南風)이 갖는 생식력의 주술과 결합되어 환상을 키워 나갔을 것이다.

고대인들은 여자들이 특수한 향기를 맡거나 물을 마시거나 마찰 같은 수법에 의해 아이를 밸 수 있다고 생각하였으므로, 이 같은 사고가 여성 상위 습속에 야합되어 상상속의 여인국을 만들었을 것이다.

중국 고대 신화에 더위의 신인 염제(炎帝)의 딸 여왜(女娃)가 동해에 놀러갔다가 빠져 죽었는데, 그 여왜가 동해의 어느 한 섬에 표류하여 무정 수태(無精受胎)로 여인국을 일으켰다고도 구전되고 있다.

여인국을 주로 해동국(海東國)인 우리나라 주변에다 상정한 이유는 이 여왜의 신화가 영향을 미친 것으로 생각된다.

사위의 집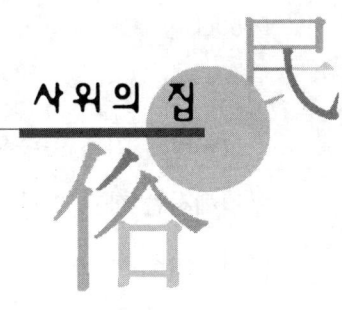

애걸하는 신랑

❀ ❀ ❀

미개 사회에서는 어린 소녀를 미래의 남편이 될 사람의 집에 데리고 가 아이를 낳을 수 있을 만큼 성숙할 때까지 길러 혼인을 하는 부방 거주(夫方居住) 습속과, 혼약이 되면 신랑이 될 남자가 처가에 가서 얼마 동안 살다가 결혼을 하는 처방 거주(妻方居住), 그리고 이 부방·처방 거주가 복합된 습속 등이 있었다.

우리나라에도 이 세 가지 습속이 있었다. 만주 동북 해안 지방에 살았던 읍루인들은 딸이 열 살쯤 되어 미래의 신랑을 정하면 신랑의 부모 슬하에 딸을 맡긴다. 이 딸이 아이를 낳을 만큼 성숙해지면 친가로 되돌아온다. 그러면 신랑은 신부의 처가를 찾아와 신부측 부모가 요구하는 재물이나 금전을 치른 다음 다시 친가로 데려간다.

고구려의 결혼 풍속은 그와 정반대인데, 혼담이 정해지면 신부집에서는 바로 그날 자기 집 뒤에 조그마한 별채의 가옥을 짓는다. 이 집을 사위가 사는 집이라 하여 서옥(婿屋)이라 불렀다.

약혼한 신랑은 날이 어두워지면 신부의 집을 찾아가 문밖에서 무릎을 꿇고 연거푸 절하며 자기 이름을 크게 외치면서 집안에 넣어줄 것을 간청한다. 그러면 신부의 부모는 재삼 재사 애걸하는 데 못 이기는 척하며 이미 지어놓은 사위의 집으로 신랑을 불러들인다. 신랑은 이때부터 처가에 살면서 서옥에 돈을 쌓아 올리다가 아들을 낳고 얼마만큼 커야만 비로소 신부를 데리고 본가(本家)로 갈 허락을 얻는다.

이것으로 읍루에서는 부방 거주제, 고구려에서는 처방 거주제를 생활화했음을 알 수 있다. 결혼할 때 신랑이 자기 집을 떠나 신부측 식구와 같이 사는 관습은 모권제(母權制)가 행해진 흔적이다. 이 같은 처방 거주혼과 부방 거주혼이 같은 씨족에서 함께 행해진 경우도 많은데, 이것은 먼저 있었던 모권제에 새로 대두된 부권제가 대치되는 과정의 습속으로 보여진다.

고대 부여나 고구려 등과 접하여 많은 풍속적인 영향을 주고 받았던 동속권(同俗圈)의 흉노족과 갸략족도 부방·처방 거주를 한 것으로 파악된다.

북시베리아의 갸략족은 그들 거주지와 접속한 읍루인처럼 신부를 어렸을 때 신랑집에 데려다 길렀고, 또 신랑이 신부집에 가서 일정 기간 동안 노동을 제공한 끝에 신부를 데려올 수 있었던 처방 거주제가 병행되었다.

그 비율은 부부 181조(組) 가운데 11조가 처방 거주제고 나머지는 부방 거주제였다 한다.

이 같은 습속은 한 민족이 된 북방 이동 민족의 공통된 습속이며, 그 원인은 모권제에서 부권제로 옮겨오는 과도기적인 현상으로 파악되었다.

품으로 갚은 신부의 몸값

❀ ❀ ❀

이와 같이 혼전에 미리 가서 사는 습속을 매매혼(賣買婚)이나 교환혼(交換婚)의 흔적으로 풀이하기도 한다.

딸이나 아들이 혼기에 임박하면 하나의 노동력으로서 경제적 가치를 갖는다. 그러므로 모권 시대에 아들을 줄 때, 부권 시대에 딸을 줄 때는 노동력을 주는 것이 된다. 더욱이 각박한 자연 환경에서 양식을 구하고 추위를 막는 데는 막대한 노동력이 필요했을 것이다. 그래서 남의 집 딸을 며느리로 얻어올 때 그 대가로 자기 집 딸이나 누이를 제공하는 결혼 습속이 있었고, 이 습속은 지금도 미개 종족간에 남아 있다. 이 교환혼이 발달된 형태가 노역혼(勞役婚)이다.

신랑은 미래 배우자의 집에 가서 일정 기간 동안 그 가족과 같이 살면서 노동력을 제공한다. 그 동안 신부에게 접근을 허락하는 종족, 허락하지 않는 종족 등이 있다. 그 기간은 외국의 경우 대개 10년이 넘으나 신부와의 접근을 허락하는 경우는 대개 첫아들을 낳을 때까지 계속된다.

고구려의 습속도 첫아들을 낳을 때까지였다. 일제 시대 남도 지방 산간 벽지에서의 노역혼은 3년이 통습이었다.

이 부방 또는 처방 거주 풍습은 그 원인이 부권 또는 모권 사회의 유습일지 모르나, 그 풍습이 태곳적부터 극히 현대까지 지속될 수 있었던 것은 시집보낸 집은 노동력의 상실이요, 그 며느리를 데려온 집은 노동력의 획득이란 현실적인 득실(得失)을 평준화하려는 데 수반되었을 것이다.

'결혼한다'는 말을 순수한 한국 말로는 '장가간다'고 한다. 장가(丈家)는 바로 처가(妻家)이며 처가에 간다는 말이 결혼한다는 말로 전화되었음은 혼전 또는 결혼과 동시에 처가살이를 하는 오래되고 대중화된 습속 때문일 것이다.

또 옛 문인들은 결혼의 고상한 표현으로 '입장(入丈)'이란 말을 썼는데, 이것도 마찬가지이다. 혼례를 신랑집에서 올리지 않고 신부집에서 올리는 습속, 그리고 신부집에서 사흘 간 머물렀다가 친가에 오는 습속, 혼전에 신랑집에서 신부집에 재물을 보내는 납폐(納幣) 풍습도 이 처방 거주제의 유습일 것이다.

최영 신당 신처

등명 드는 처녀

❋ ❋ ❋

혁명파인 이성계에 의해 무참히 죽임을 당한 고려 말의 충신 최영(崔瑩) 장군의 원통함은 그 후 백성들의 공감을 얻어 토속신(土俗神)으로 신망을 받게 되었다.

우리 조상들은 원한을 품고 죽은 사람은 완전히 죽지 못한다고 생각했다. 저승과 이승의 중간계에서 귀신으로 방황하면서 이승에 원한풀이를 하는 것으로 여겼으며, 이 같은 사고는 우리 나라에 많은 귀신을 탄생시켜 왔다. 원한이 클수록 그 귀신 파워는 크고, 파워가 클수록 해(害)도 많이 끼쳤으며, 신술(神術)도 잘 부릴 것으로 알았다. 이와 같이 탄생한 토속신으로 신라 마지막 임금인 경순왕〔金傳大王〕, 고려 말 공민왕(恭愍王), 최영 장군, 모살당한 남이(南怡) 장군 등을 들 수 있다.

개성 교외 덕물산(德物山)에 있는 최영 신당은 그 전형적인 원혼 신앙의 본보기였다. 이 덕물산 신제(神祭)는 극히 근대까지 한국 최대의 성대한 페스티벌이었으며, 전국 각지에서 기생·사당패·무당패가 참배단을 조직하여 이곳에 모여 굿하고 춤추며 무악(巫樂)을 울렸던 것이다.

이 제전중에 성계살〔成桂肉〕을 씹는 의식이 있어 주의를 끌게 한다. 이날 희생된 소나 돼지를 솥에 삶아 이 제전에 참석한 군중들이 한 점씩 나누어 먹는 의식인데, 이 고기를 씹을 때 일부러 소리내어 잔인하게 씹으며, "맛있다, 세상에서 제일 맛있다!"라고 중얼거리게 되어 있었다.

'세상에 도당(都堂) 고기 맛만 할까…….' 하는 속담도 이 덕물산의 성계살을 뜻하는 것이다.

이 '성계육'을 씹는 습속의 연유는 다음과 같다. 이 제전의 주신(主神)인 최영 장군은 자신을 모살한 이성계에게 가장 큰 원한을 품고 있을 것이므로 그 원한 상대를 상징하는 고기를 짓씹는다는 것은, 대신 원수를 갚는 것이 되기에 주신을 위령하는 가장 직접적인 의식이랄 수가 있다. 이 원신(怨神)에 대한 제사는 이 같은 해원(解怨) 의식이 따르기 마련이었다.

그 다른 의식으로 주신(主神)에게 등명(燈明)을 드는 일이 있다. 등명을 든다는 무속어(巫俗語)는 곧 주신(主神)에게의 섹스 서비스를 뜻한다.

덕물산 최영 신당의 경우 제전이 끝나고 밤이 깊어지면 시집 가지 않은 소녀를 곱게 단장시켜 신당 안에 들여보낸다. 이 소녀는 기름에 그을린 등명을 켜고 그날 밤 주신과 시침(侍寢)을 한다. 이 하룻밤 신령과의 상징적 교혼으로 이 소녀는 신처(神妻)가 되어 평생 수절하게끔 강요를 받는다.

이중환(李重煥)의 《택리지(擇里志)》 송도편(松都篇)에도 이 덕물산 신당의 신혼(神婚)에 대해 기록해놓고 있다.

'송경(松京)서 10여 리 떨어진 곳에 덕물산이 있는데 그 산에 최영사(崔瑩祠)가 있어 소상(塑像)을 모셨다. 그런데 여기에서 빌면 효험이 있다 하여 사람들이 많이 빌러 간다. 사당에 붙어 방이 하나 있고, 민간의 한 처녀를 그곳에 시신(侍神)케 하여 늙거나 병들면 다른 소녀로 바꾼다.

이 소녀들의 말에 의하면 밤마다 신령이 강령(降靈)하여 교혼한다고 한다. 신우(神祐) 장군인 용감한 최영은 나라 잃은 설움을 달랠 길 없어 국토 밖에서 귀신이 되었는데 죽어서도 남녀의 도를 잊지 않고 음행에 빠져 있다는 것이다.'

이 《택리지》의 기록에 의하면, 이 최영 신당의 신처(神妻)는 종신 처녀로 살았음을 알 수 있다.

기녀 시신 습속

❀ ❀ ❀

이 같은 신처 습속은 그 이전인 고구려에도 있었던 것 같다. 당나라 병부상서(兵部尙書) 이적(李勣)이 고구려의 요동성을 포위·침공했을 때 그 성 안에 고구려 시조 주몽(朱蒙)을 모시는 주몽사(朱蒙祠)가 있고 그 사당 안에 미녀가 시신하고 있었는데, 이 신처가 시침을 하면 주몽 신령이 기뻐하여 성이 포위에서 풀리도록 도운다고 하였다.

신에게 처녀 봉공을 하는 습속 역시 세계 공통이며, 네팔의 수도 카트만두에는 지금도 쿠마리라는 소녀 신처가 시신을 하고 있어 외국인에게 관광 대상이 되고 있다.

쿠마리는 카트만두 구왕궁 바로 곁에 모신 말라왕의 신령과 신혼(神婚)한 소녀로, 다섯 살 전후에 신처가 되어 초조(初潮)가 보일 때 신처로서 실격한다. 몸에 상처가 있어서도 안 되며 무서워도 놀라지 않고 기뻐도 웃어서는 안 되게끔 가혹하게 훈련받은 이 소녀는 음산한 신당에서 소녀 시절을 보내야 했다.

무당의 기원을 고대에 널리 번졌을 이 신처에 두는 학자도 있으나 단정할 수는 없고, 무당이 된 여러 가지 복합 요소 가운데 한 기원일 수는 있을 것이다. 신처가 무당화하는 과정을 금성산신(錦城山神)의 신처에서 엿볼 수가 있는데, 나주(羅州)의 금성산신에 대한 설화는 《고려사》의 〈정가신전(鄭可臣傳)〉에 기록되어 있다.

고려 고종(高宗)이 진도(珍島)와 탐라(耽羅)를 정벌할 때 공(功)이 많은 장사가 있었다. 그러나 이 장사의 공은 묵살되었으므로 원한을 품고 죽었다 한다. 그 후 이 장사의 신령이 하강하여, "왜 나의 공로에 녹봉(祿俸)을 내리지 않는가? 나를 마땅히 정녕공(定寧公)으로 봉할지어다."라고 신탁을 하였다.

나라에서는 겁을 먹고 충렬왕 2년에 쌀 다섯 섬씩을 해마다 그 금성신사(錦城神祠)에 내리도록 했던 것이다. 그 얼마 후 장성(長城)의 한 여인에게 금성대왕이 하강하여 신당에 신처로 들지 않으면 부모를 죽이겠다고 협박하여 그 여인은 금성신당의 신처가 되었는데, 그 신처가 곧 유명한 금성신당 스캔들의 씨앗이 되었다.

그 후 이 금성산신은 한 명의 신처만으로는 만족할 수 없었던지 매일 밤 네 명의 기녀(妓女)를 돌아가면서 시신케 하였으며, 이 기녀 시신 습속은 프리 섹스의 탈도덕적 무습을 이곳에 형성하였다.

조선 성종 22년 9월의 기록에 보면, 이 보장된 신역(神域)에서의 음탕한 습속이 자세히 묘사되어 있다. 멀고 가까운 곳을 가림 없이 사족(士族)의 부녀자들이 처녀들을 데리고 이 금성산 신당에 올라와 며칠씩 묵고 가는데, 부부(夫婦)를 상실하고 추문이 등문(騰聞)한데 수령의 힘만으로는 이를 다스릴 수 없다고 했다.

통금령(通禁令)을 하명받은 전라 감사는 사족 부녀자만 금할 수 있고 서족(庶族)의 부녀자는 금할 수 없다고 보고하였고, 이들은 야숙(野宿)하며 떼지어 혼교를 한다고 덧붙이고 있다. 이와 같은 탈도덕의 성 개방은 비단 금성산신뿐만 아니라 지리산의 남임천 상류에 있는 귀당(鬼堂)에서도 남녀노처상혼(男女露處相混)하여 상교한다고 했다.

이와 같은 혼음 풍속은 신성했던 신처의 타락 행위로 간주되며, 이 타락한 신처는 각기 하나의 토속신을 받드는 무당이 되어 매춘을 하는 창녀를 겸하기에 이른 것이다. '젊은 무당년 같다.'는 속담은 바로 화냥년을 뜻하리만큼 무당 매춘은 상식화되었으며, 무당의 모계 상속 습속은 선사 시대의 모계 사회 유습이 아니라 이 같은 매춘 혼음 결과에서 빚어진, 아버지를 모르기에 어찌할 수 없는 여건에서 생겨난 사회적 필연으로 보는 학자들도 있다.

한말에 기생 조합이랄 권번제가 실시되었을 때, 각 권번 기생의 70~75퍼센트가 무당에서 전환한 여자였다는 데도 그들의 생계가 신사(神事)에만 있지 않고 매음에 있었음을 암시해 주는 것이 된다. 신처는 이같이 근대화되면서 타락하여 신과 이혼을 해온 것이다.

단발령 파문

두발에 서린 집념

❃ ❃ ❃

 단발령은 미국을 견문하고 돌아온 개화 내각의 내부 대신 유길준(兪吉濬)을 비롯한 세 명의 해외 견문 경험이 있는 대신들에 의해 발의되었다. 내각에서 심의하여 대체로 성안이 되어 있었는데 국민의 반감이 두려워 발표를 보류하고 있었던 것이다.
 그런데 어느 날 훈련대 장교 셋이 칼을 빼어든 채 내각 회의실로 뛰어들어와 단발령 긴급 발표를 요구하고, 정부 관원들만이라도 즉각 단발하도록 하라는 시위를 벌였다. 내각의 급진 개화 세력이 사주한 하수인들이기에 이 요구는 그 자리에서 받아들여졌다. 다만 한 대신이 이 즉각 실시에 반대하고 민비(閔妃) 장례가 끝난 후까지 그 발표를 보류하자고 하였으나 묵살되고 말았다.

황제의 재가가 나고 발표에 앞서 국왕·황태자·대원군이 차례로 단발하였다. 그러고서 1895년 11월 15일 다음과 같은 두 개의 고시가 내려졌다.

단발은 위생적이고 집무상 편리하다. 성상 폐하께옵서는 행정 개혁과 국민 생활 향상의 어견지(御見地)에서 맨 먼저 그 수범을 신민 앞에 내려 보이셨다. 대한 국민인 자는 근엄히 이 성지를 받들지 않으면 안 된다. 한편 금후의 복제는 다음과 같이 한다.

1. 국상(國喪) 기간중 의복은 모자와 더불어 백색으로 한다.
2. 망건(網巾)은 금후부터 일체 폐한다.
3. 양복 착용은 개인 의사대로 한다.

11월 15일 임시 내부 대신   유   길   준

한데 이 단발령에 대한 반발은 놀라울 만한 것이었다. 그 단발령은 한국인의 가치관 가운데 가장 확고하고 큰 비중을 차지했던 효(孝)의 핵심 사상과 습속을 배반해야 했기 때문에 파문은 의외로 심층화했다. 한국인이 믿고 있던 머리에 관한 개념은 《효경(孝經)》과 《소학(小學)》 등 한국인의 사고방식과 행동방식을 형성해 준 가르침 속에 명기되어 있는 다음과 같은 구절에 집약된다.

'신체발부(身體髮膚)는 수지부모(受之父母)한 것이니 불감 훼상(不敢毁傷)이 곧 효지시(孝之始)라.'

머리를 깎는 것은 부모의 것을 무화(無化)시키는 것이요, 불효의 극치로 이해하였다. 그러기에 단발령은 가치관의 전도일 수밖에 없었다.

단발령을 둔 저항 양상을 살펴보기 전에 두발에 서린 한국인의 사고방식과 집념을 살펴보자. 태종의 외손자요, 권규(權跬)의 아들인 권총(權聰)은 태종이 항상 무릎 위에 두고 길렀으므로 버릇이 없었다. 그런데 이 버릇없는 개구쟁이를 두고 옥사(獄事)가 일어났다.

당시 태종의 근시(近侍) 가운데 수염이 길다란 노신(老臣)이 있었는데, 어느 날 총이 노리개 칼을 빼어 이 신하의 수염을 잘라 버렸다. 부모의 유체(遺體)라 하여 머리칼 하나도 자르지 못하고 상투로 남겨두는 윤상(倫常) 지상주의 사회에서 이것은 일대 윤상 사건으로 번져, 조정에서 이 어린이에게 죄를 주자고 합의를 보기에 이르렀다.

태종은 법도로써 권력을 행사했던 드물게 보는 현군(賢君)이었다. 또 어린이에게 죄를 주자는 조신 회의의 고식성을 인간적인 면에서 비웃을 줄 아는 정군(情君)이기도 하였다.

'조정의 예절을 엄하게 아니할 수 없으니 총의 죄는 죽음이 마땅하다. 하지만 어려서 예절을 모르고 한 것이니 죽음만은 면해주기 바란다.' 하고 눈물을 흘렸다고 한다. 권력의 절대권자가 권력을 법도로 묶는 비장한 양상이 수염 사건으로 절박하게 나타나는, 부모의 육체적 유물에 대한 집념의 크기를 역력히 볼 수 있는 고사(故事)이기도 하다.

거유(巨儒) 김장생(金長生)은 후손에게 다음 두 가지 유훈(遺訓)을 남겼다. 첫째 영정(影幀)은 머리칼 하나가 틀려도 제 모습이 아니니 쓰지 말 것과, 둘째 수십 대에 이르더라도 의(誼)를 두터이 지내라는 것이었다. 영정 물용(影幀勿用)의 그의 사상도 현대 인류학이 추구하는 한 원시 습속과 연관되어 주목을 끄는데, 그 집념의 보편성을 이에서 또한 볼 수 있다.

두 노인의 동맹 자살

❋   ❋   ❋

단발령 저항의 극단적 표현으로 단발령 자진(斷髮令自盡)이라는 자살 붐을 들 수 있다. 함양 정여창(鄭汝昌)의 후손인 사인(士人) 정순철(鄭淳哲)에게 시집간 창녕 조씨(昌寧曺氏)는 남편이 할아버지 밥상머리에서 상투를 자르겠으니 허락해 달라고 말하는 것을 엿들었다. 그녀는 식도를 들고 들어가 단발한다니 중이요, 중은 처도 없고 자식도 없다고 들었다면서 안고 들어간 자식을 방바닥에 내동댕이치고 식칼로 자신의 목을 찔렀다.

거의 같은 무렵에 홍산(鴻山) 조씨 가문에 시집간 김씨 부인도 남편이 상투를 자르고 들어오자, 난신적자(亂臣賊子)의 처로 살 수 없다는 유서를 장롱에 넣어두고 자결하였다. 그때 김 부인의 나이 열여섯이었다.

이 충무공 후예인 덕수(德水) 이규백(李圭白)이 보은 현감으로 있을 때 단발령이 내려졌다. 그의 부인 창녕 성씨(昌寧成氏)는 대군주(大君主) 폐하도 단발하였고, 국령(國令)이니 당신도 단발치 않을 수 없을 테니 보은 현감 자리를 버리고 귀향할 것을 강력히 권하였다. 그러나 이규백은 남자의 일에 여자의 간섭이 깊다 하고 물리쳤고, 이튿날 부인은 목매어 죽었다. 그녀가 남긴 유서는 명문으로, 그 후 명가문에서 여인네들을 가르치는 교재가 되었다.

'대군주 폐하께서 능히 두발을 보전치 못하시는 지경이면 여타는 의론할 여지도 없다. 오륜 삼강(五倫三綱)은 머리털과 같이 끊어지고 나의 영은 윤강(倫綱)을 따라 끊어지도다. 세상에 여자의 일신 정조를 보존할 수 없을 터이니 오늘까지 지켜온 이 세상의 정조를 욕되지 않게 할 것이다.'

이 단발 자진에 의해 모럴을 지켜 내려온 노력은 그 후 줄곧 지속되었고, 일제 시대 중기에도 마찬가지였다.

1933년 해주에서 두 노인이 단발에 저항하여 일제의 농촌어용단체인 농사진흥회(農事振興會) 앞마당에서 나란히 앉아 동맹 자살을 하였다. 그들이 남긴 유서에는 '거권삭구구의(拒勸削救

舊義), 즉 단발을 거절하여 옛 의로움을 구한다.'고 씌어 있었다.

중서방 주자고 날 길렀나
❀ ❀ ❀

그 무렵 한국에 와 있던 버드 비숍 여사의 수기로 그 실정을 더 살펴보자.

'어떤 지방에 새로 부임한 관리가 상투가 없었다. 환영 나간 군중이 이것을 이해할 리 없었다. 성난 그들은 그 환영을 단발 성토로 바꾸었다. 우리 고장에서는 여태껏 조선 양반을 수령으로 모셔 왔다. 한데 지금 상투도 없는 상놈이 수령이라고 왔으니 얻어 먹는 중인가, 바다 건너온 양이(洋夷)인가고 대들었다. 이 신임 수령은 당장에 쫓겨 한성으로 되돌아갔다.'

아무튼 단발령은 조선에 잡다한 희비극을 연출하였다. 상인이나 농민이 성의 성문에 들어서면 무슨 일이 있어도 붙들어다 강제로 상투를 잘랐다. 손을 머리에 얹어보면 상투는 이미 없었다. 마누라를 만나볼 면목도 없고 또 시골 양반들의 박해도 두려워 정처없이 떠도는 개화 부랑인까지 생겨났다.

따라서 한성에는 식량이나 나무 공급이 끊어질 수밖에 없었다. 일용 필수품은 무섭게 등귀하였다. 연초(年初)이건만 세배를 다니지도 못했다. 궁중이나 관서의 문이란 문 앞에는 상투

자르는 풍경이 끊이질 않았다. 어떤 노인은 그의 두 아들이 단발한 것을 보고 분개하여 세상과 단교하기 위한 수단으로 집 안에 감옥을 만들고 들어앉았다. 아! 상투여, 조선 사회 조직의 정점은 실로 상투에 맺어져 있다 할 것이다. 상투가 망하자 질서가 무너지는 것을 보니……'

 단발령에 대한 최초의 조직적인 저항은 민파(民派)의 근거지인 강원도 춘천에서였다. 강원도 관찰사 조인승(曹寅承)이 단발을 시도하자 이소응(李昭應)이란 유생이 분기하여 민비를 죽인 자들이 단발족(斷髮族)이라고 선동하여 관아를 점령하고 관찰사 조인승을 학살하기까지 하였다. 이 단발 반란에는 비도(飛盜)들이 끼여들었는데 관찰사를 잡아 죽인 것은 바로 이 비도들이었음이 후에 밝혀졌다.

 '강원도 재판소에서 심리한 비도 이덕일이가 전 춘천부 관찰사 조인승씨가 부림할 때 머리 깎은 관찰사라고 후욕하고, 동리 백성들을 지휘하여 집유하였다가 그 이튿날 비도들이 잡아다 포살한 까닭으로 교에 처하기로 한다더라.'

 뒤이어 이 단발 반란은 지평(砥平) · 원주 · 제천으로부터 경기도 · 충청도 · 경상도 · 함경도 전역으로 파급되었다.

 이 단발 반란에 강원 관찰사 김규식(金奎軾)을 비롯한 군수급 이상 고관 20여 명이 학살당했으며, 비록 학살당하기까진 않았더라도 양반들의 등쌀로 수령직에 있지 못하고 쫓겨온 군수가 부지기수였다. 지방의 여관은 예전처럼 상투 망건을 쓰지 않은 손님은 숙박시키지 않았다. 설사 숙박을 거절하지 않는다 해도 후일 폭도들의 보복을 두려워하여 대개 기피하였다.

이러한 불황의 소용돌이가 있었는가 하면 반면에 단발로 인한 호경기로 제법 수지를 맞춘 경우도 있어 당시의 상황을 이렇게 기록하고 있다.

'단발령 후 경성 및 그 부근은 석달 동안 불안 속에서 지새워야만 했다. 1월 이래 성안 일반 상황은 극히 저조하였음에도 불구하고, 동 단발령의 영향으로 진고개 일본인측의 양복점·구두점·모자점 기타 양복 부속품점 등에서는 경기가 어찌나 좋았던지 양복은 본 값의 두 배 이상, 신과 부속품은 5퍼센트 이상이나 가격이 폭등하였으며, 모자는 흑색 산고(山高) 모자가 가장 잘 팔려 모두 품절 소동을 벌였다. 또 일본 사람밖에 가질 않던 이발소에는 한국인이 쇄도하였다.'

교세 확장에 전전긍긍했던 당시의 많은 유사 종교들도 이 단발에 저항하는 민심의 공감과 집약을 예민하게 노렸다.《정감록(鄭鑑綠)》을 신봉하는 유사 종교에서는, '나를 죽이는 자가 누구뇨, 발 없고 머리 작은 자니라.' 하는 참문(讖文)을 유포시켜 단발 개화에 저항하는 백성들과 영합하였다. 무족(無足)은 곧 발 베일[斷足] '월(刖)'을 뜻하고 소두(小頭)는 월(刖)자에 소(小)자를 머리에 얹는다는 뜻으며 삭(削)자를 조자(造字)한다. 즉 삭(削)은 곧 삭발을 뜻하여 단발한 자를 의미한다. 보천교(普天敎)에서도 그들 교도들에게 '장발적(長髮賊)'이라는 패호를 들고 다니게 하여 단발에 저항하는 민심과 영합하였다.

또한 항간에 갖가지 요참(謠讖)도 유행했었다.

'우리 부모 나를 기를 제 중서방〔僧夫〕 주자고 날 길렀나.'

이것은 신(新) 아리랑의 한 대목이기도 하다. 또 애발당(愛髮黨)이라는 지하 결사가 있어 도처에 희시(戱詩)의 벽서(壁書)를 붙여 민심을 선동하기도 했다.

춘천의 단발 반란에 직접 종군까지 했던 홍매사(洪梅史)는 그 일원으로, 그가 지은 익명시는 많은 사람에게 암송되었다.

백발육순 차이독(白髮六旬 嗟爾禿)
황화구월 수유향(黃花九月 受誰香)

상투와 징역 1년

❀ ❀ ❀

머리에 대한 집념을 말해주는 기록으로 당시 한국에 와 살았던 일본인 사학자 이마무라의 기록을 보자.

나는 단발 때문에 겁을 먹고 있는 모 군수와 이야기를 나눈 적이 있었다.

"왜 단발을 하지 않습니까?"

"가친(家親)의 허락을 받아야만 하기 때문입니다."

"올해 연세가 어떻게 되십니까?"
"예순다섯이고 아버님은 올해 여든넷이십니다."
"허락을 맡으면 되지 않습니까?"
"여기에서 팔백 리 길이라 갈 수가 없습니다."
"편지로 해도 되지 않습니까?"
"편지로 했다가는 그러잖아도 허락할 것 같지 않은데, 오히려 불손하다고 혹을 하나 더 붙이게 될 것입니다."
"지금 문명된 세상에서 비위생적이고 더러운 머리를 하고 있는 것은 중국과 조선뿐입니다."
"중국은 변발(辨髮)이라 호풍(胡風)입니다. 선왕의 유품을 지닌 것은 온 세계에서 조선뿐입니다."

이같이 상투머리를 자랑삼고 있었다.

또 도박한 자를 징계하는 데 상투를 잘라 내쫓았더니 나가지도 않고 눈이 붓도록 울고만 있는 것이었다. 징역 일 년을 살겠느냐, 상투를 자르겠느냐고 범법자들에게 물으면 한결같이 징역을 택했다.

징계 효과로는 단발 이상의 효과적인 것이 없었다. 언젠가 충북 각지에서 양반들을 모아 놓고 연설을 한 다음 순사들을 시켜 그들의 감상을 살펴보도록 시킨 일이 있었다. 그런데 그들이 가장 감개무량하게 듣고 맘에 들어했던 대목은, 여러분은 일본인 관리가 조선인 전부에게 단발을 강행한다는 풍문을 듣고 두려워하고 있지만 결코 강제로 단행하진 않을 것이며, 조선의 풍속

습관은 존중하겠으니 안심하십시오, 하는 대목이었다.

 농상공부 주사(主事)로 있던 이능화씨의 회고담에 의하면, 관부(官府)에서 관리들을 강제로 단발시켰을 때, '베인 머리를 종이에 정성들여 싸서 가는 이도 있고 또는 그 머리를 들고 통곡하는 이도 있었지만 나는 그 깎인 머리를 난로 속에 던져버렸다.'라고 말하고 있다.

 한말 30여 회의 집전에서 50여 명의 왜군을 잡아 죽인 의병장 이강년(李康秊)이 붙잡혀 당시 최고 재판소인 평리원(平理院)에 끌려 들어왔다.

 여기가 어디냐 하니까, 검사가 가로되 조선의 금부(禁府)로 지금은 평리원(平理院)이라 이름을 갈았다고 했다. 이강년이, 금부는 본시 우리의 관부인데 왜 왜놈이 여기 와 있느냐고 따졌다. 검사는 나 역시 한국인이며 일본 사람이 아니라고 대꾸하자 이강년 가로되, 한국인이면 왜 머리를 깎았으며 검은 옷을 입었느냐고 따지고 들었다.

 상투를 자르고 머리를 깎는다는 것은 바로 친일파란 표시였으며, 적어도 대한 백성이 아니라는 인식이 지배적이었던 것 같다.

 '이 여름 치발(薙髮, 단발)하는 자가 많이 늘어나 장안을 휩쓸면서 그 수치를 모르니 이것이 무슨 변고인고. 오히려 넓은 소매에 상투 꽂은 자를 보고 세상 모르는 자라고 비웃는다니 세상이 어떻게 돌아가는 것인가. 이야말로 사람 얼굴에 짐승 맘이라, 일세의 운기(運氣)가 이렇게까지 다다랐단 말인가. 변시(變時, 갑오개혁) 때 분개하여 벼슬에서 물러난 자 단지 수명이요, 그에 반대하여 죽음을 당한 자 겨우 과천(果川)의 나무 장수와 완산(完山)의 영졸(營卒)뿐이니 서원이 썩었도다.'

이것은 보수파의 골수인 이병준(李秉璿)의 문집 《연재집(淵齋集)》에 쓰인 글이다. 그는 양복 입고 머리 깎는 풍조에 분통을 참지 못하여 심산에 들어가 옛 법도를 지키며 살다가 1904년 양복 삭발에 대한 통문(痛文)을 써놓고 음독 자살하였다.

이상은 민족 감정과 두발 지상의 사고방식이 복합되어 강력한 행동으로 승화한 사례랄 것이다.

한국 여성의 아픔 손각씨

신(神)의 노예가 되다

❀ ❀ ❀

한국의 귀신 가운데 가장 무섭고 앙칼스런 귀신이 손각씨(孫閣氏)이다. 손각씨는 처녀 귀신으로, 처녀들의 혼이 그 못 푼 한을 참을 길 없어 악귀가 되어 살았을 때 연분이 있던 사람들을 해친다는 것이다.

어떠한 상황이 진할 때 또 그 상황을 감당할 수 없을 때, 옛사람들은 신(神)을 만들어냈다. 불안·고독·소외·실존 같은 현대인들의 문제는 그 진한 상황에 처해 있으면서도 탈출구를 못 찾기 때문에 생긴 것들이다. 그런데 옛 사람들은 그 상황을 탈출해서 극복하려 들지 않고 그것을 신(神)으로 처리해 그 신의 노예가 됨으로써 극복하려 했다. 즉 손각씨는 세계 어디나

고루 있는 처녀 귀신의 한국적 존재 방식이다.

사람들은 처녀가 죽으면 반드시 원혼이 남는 것으로 알았다. 그러기에 원혼이 되지 않기 위한 의식과 무속이 생기기 마련이었다. 우리나라의 일부 지방에서는 아직도 처녀가 죽으면 묻을 때 엎드려 묻거나 시체를 거꾸로 세워 발끝을 위로 해서 묻는다. 또 관의 위아래에 가시나무를 담뿍 쌓아놓고 묻기도 한다. 이것은 원귀가 그 무덤을 빠져나올 수 없도록 하는 일차원적인 샤머니즘이다.

또 입관시킬 때 남자옷, 가급적 남자의 살때가 묻어 퀴퀴한 냄새가 나는 옷을 시의(屍衣)로 입힌다든지, 관 속에 남자 짚인 형을 넣어주고 사통팔달(四通八達)하는 길복판에 몰래 묻어 뭇 남자들이 그 위를 밟고 다니게 한다든지, 죽은 처녀의 옷을 번화한 길거리에 깔아놓고 숱한 남자들이 밟게 한다든지, 또는 미혼 남자의 무덤을 찾아 그 곁에 묻어 준다든지 하는 습속은 못 푼 염정(艷情)을 그 같은 방식으로 충족시켜 줌으로써 원귀가 되지 않게끔 하는 이차원적인 주술이다.

처녀의 집착은 미처 다 못 입고 죽은 옷에도 있으므로 손각씨가 옷에 잘 옮겨 붙는다고 생각하고 이 원혼을 달래는 도구로 비단옷을 이용하기도 했다. 또 손각씨에게 상징적인 성교를 시켜줌으로써 원을 풀어주는 주술은 부근신(付根神) 습속에서 노골적으로 나타나 있다.

근(根)이란 남근(男根)을 뜻하며 나무나 돌을 남근과 같은 모습으로 깎아 그 부근신당의 벽에 붙여둔다. 이렇게 해서 이 신당에는 남근을 접해보지 못한 처녀신이 모여들어 그들이 충족 못한 여인의 본질을 그 부근(付根)으로 인하여 충족하였던 것이다.

정문야화(旌門夜話)

손각씨는 열녀 정문(烈女旌門)과 밀접한 관계가 있었다. 우리나라에서 열녀는 반드시 열녀라는 의미 그대로 받아들일 수 없기 때문이다. 밖에서 강요하는 수절이란 자유일 수 없으며, 중세기 성녀(聖女)들이 자기 학대를 함으로써 육체의 노예로부터 자유를 찾는 실존적 행위와는 전혀 뜻이 다르다. 강요된 수절은 위선이며 위선은 원한을 남긴다. 살았을 때 못다 푼 원한은 원귀가 되게 하고 원귀는 그 원한만큼 살아 있는 사람들에게 해를 끼친다고 생각하였다.

굶어 죽거나 비수를 들어 목을 끊어가면서도 수절해야 했으므로 박연암(朴燕岩)이 '옛날 열녀라 불리운 여인들은 오늘날의 과부이니라.' 하고 정의를 내렸고, '여자가 자인(自刃)하면 곧 열녀니라.'라는 정의를 내릴 만큼 여자의 죽음을 찬양하게 되었다.

위선된 도의 풍토에서는 위선된 수절이 파생되기 마련이다.

예를 들어 어느 한 처녀의 순결과 어느 한 과부의 절조가 오해나 모략이나 음모 또는 장난에 의해 풍문을 탔다고 하자. 이 처녀나 과부는 비수로 자결하거나 혹은 대들보에 목을 매고 또는 비상을 먹어 그 순결과 절조를 구제해야만 했다. 또 이 실절(失節)의 풍문이 사실이건 거짓이건간에 가문에서는 이 풍문의 여인을 몰래 죽이고서 자인한 것처럼 하여 열녀임을 표방했다. 스스로를 죽여 수절을 구제하고, 귀여운 딸을 죽여 가문의 영예를 구제한 것이다.

'금상〔正祖〕 11년 타협수(安峽守) 언(堰)은 질녀인 구녀(具女)가 과부로서 음분(淫奔)했다는 소문을 듣고, 가족들을 모아 힘을 모두어 많은 사람들이 보는 가운데 구녀를 묶어 큰 강에 던진 다음 열 개 남짓한 큰 돌로 눌러 죽였다. 구녀의 오빠인 성대(性大)도 함께 이 일에 가담하였다.'

이같이 강요되고 위선된 수절 때문에 죽은 손각씨는 맨 먼저 그 고을의 원님, 즉 군수나 현감, 목사에게 해를 끼친다. 그래서 원님이 횡사하면 그 이유는 반드시 그 고을에서 죽은 손각씨 탓으로 여기기 마련이었다. 만약 우연한 일로 연이어 삼대(三代)의 원님이 횡사한 일이 있으면 조정에서는 그 고을을 행정구역에서 말살하고 그 관할을 변경하거나 그 군아(郡衙)를 다른 읍으로 옮기게끔 했다. 국가의 힘보다 춘정을 못 풀고 원한에 맺혀 죽은 처녀 귀신인 손각씨의 힘이 더 큰 셈이었다.

'원으로서 병이 위급하면 아(衙) 밖으로 병실을 옮길지어다.

군아에서 죽으면 그 뒤를 이을 원이 싫어하느니라.'

그러기에 손각씨가 될 만한 여인의 죽음이 관내에 있으면 원님은 정문세(旌門稅)를 걷고 또 정문역(旌門役)이라 하여 군민을 착취해서 정문을 짓고 열녀비를 세워 열녀를 남조(濫造)했다. 즉 손각씨에게 열녀라는 훈장을 달아줌으로써 원한을 흥정했던 것이다.

열녀로서의 요소는 없고 원에게 끼칠 해를 피하는 샤머니즘적인 뜻이 정문을 세우는 이유의 전부였다. 한국의 정문이 다 그렇다고 할 수는 없겠지만 관에서 만든 정문의 거의가 이 같은 변칙된 정문이라 해도 과언은 아니다. 이 같은 풍습은 일제 시대에도 계승되어 지금부터 30여 년 전만 해도 이 관제 열녀(官製烈女)가 적지 않았다.

손각씨의 지적 시련

❃ ❃ ❃

손각씨는 한국의 여신 가운데 가장 생명이 긴 여신이다. 제도나 명목상의 남녀 평등이 아닌 우리나라에 현실적인 남녀 평등이 이루어진다 해도 손각씨는 영원히 존재할 것이다.

남자는 여자에게 타자(他者)이길 바란다. 남자가 원하므로 여자는 자기 스스로를 타자로 만들어 버린다. 여자는 사람으로서의 정체성을 포기하고 남자가 원하는 대로 하나의 물체가 되고 관습의 노예가 된다.

'여자다워야 한다. 어디까지나 여자여야 한다.'

이렇게 남자나 또 같은 피해자인 여자끼리 여자에게 강요한다. 여기에서 '여자'는 실존성이나 인간성이 탈색된 남자란 주체의 타자로서의 여자이다. 그리하여 남자가 한 마리 늑대가 된 밤에는 그 굶주림의 타자로서 네글리제를 걷어올려야 하고, 첫날밤에는 감각까지 마비된 완전한 타자가 되기 위하여 눈에 꿀을 발라 보지도 못하게 했던 것이다.

왜란에 피난 가는 한 사대부집 사녀(士女)가 부축하는 사공의 손이 몸에 닿았다 해서 치마를 둘러쓰고 물에 빠져 죽고, 의원에게 붙잡힌 손목을 남편 앞에서 도끼로 자름으로써 인간으로서가 아니라 완전한 남자의 구속물로 자신을 철저하게 억압했다. 그런데 그와 같은 여자가 돼라 함은 예나 지금이나 별로 다를 바가 없는 것 같다.

그리하여 이승에서는 살지 못한 여자의 주체와 실존을 저승에서 당당하게 사는 것이 손각씨이다. 손각씨는 자유주의자다. 그렇기에 남자나 관습, 가문이나 도의에 의해 타자이길 강요받지 않는다. 그는 여자가 여자의 본질대로 죽어서 살아보는 주체적 여자였다. 그러기에 손각씨의 본성은 해신(害神)이 아니다. 다만 여자다워야 한다고 강요하는 이승에서 해를 끼치는 존재로 받아들인다는 것뿐이다.

여자의 실존적인 해방이 이루어지는 그날까지 한국에서 손각씨의 존재는 이어질 것이며, 여자의 삶이 손각씨로 연장되지 않기 위해서는 여성들이 제각각 자신의 정체성을 빨리 깨달아야 할 것이다. 이것은 모럴과의 고된 전쟁의 시작으로, 지옥의 불바다와 바늘 동산을 걷는 '아픔'을 그 지성의 시련으로 감당해 내야 할 줄 안다.

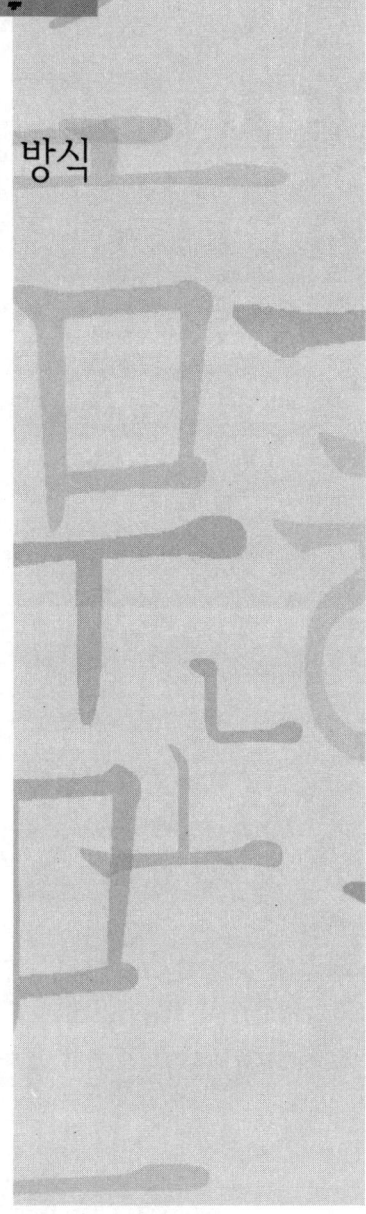

제 3부

한국인,
　　멋의 존재 방식

운명을 예견한 시참(詩讖)

동악 선생 시단

시를 생활화했던 우리 선조의 시속(詩俗)은 다양하고 멋이 있었다. 이를테면 시종(詩鐘) 같은 것이다. 시를 짓는 모임의 규칙은 엄했다. 모임중 천장에다 끈을 드리워 끈 끝에 동전(銅錢)을 매어 놓고 그 아래 동반(銅盤)을 놓는다.

끈의 중간 즈음에 일정한 길이의 향(香) 조각을 꽂아 놓고는 한 선비가 시 한 구(句)를 짓는다. 이 시를 받아 대구(對句)를 지어야 하는 선비는 향에 불을 붙여 향이 다 타기 전까지를 시한(時限)으로 작시(作詩)해야 한다. 향이 다 타면 끈이 타게 되어 있고 끈이 타면 끝에 묶어 놓은 동전이 낙하, 밑에 놓인 동반을 쳐 소리를 낸다.

땡그랑 소리가 나면 이 선비는 실격이 된다. 이를 시종이라 했다.

또 시환(詩丸)이라는 것도 멋있다. 요즈음처럼 남이 봐주기 위한 시가 아니라, 나 스스로 족하는 시를 지었기로 시를 쓰면 그 시 쓴 종이를 마치 환약처럼 둥글게 만들어 바가지 속에 넣어 둔다. 그리고 시환이 바가지에 가득 차면, 바가지를 봉해서 강물에 띄운다. 특히 은둔한 선비들이 이 시표(詩瓢)를 강물에 곧잘 띄웠는데 더러 하류의 사공이나 나룻배들이 이 시표를 주으면 횡재를 한다. 왜냐하면 이 시환이 선비들에게 쌀 몇 섬으로 매매되었기 때문이다. 정말 멋있는 풍습이다.

뜻맞는 사람끼리 시사(詩社)를 만들어 첩첩이 자연과 시를 융화시키는 풍류 또한 대단했다. 이를테면 정약용(丁若鏞), 이치훈(李致薰) 등 14명이 결사(結社)한 죽란시사(竹蘭詩社)의 경우를 보자.

이 시사(詩社)의 규약을 보면, 살구꽃이 처음 피면 한 번 모이고, 복숭아꽃이 필 때와 한여름, 참외가 익을 때 모이고, 가을 서지(西池)에 연꽃이 만개하면 모이고, 국화꽃이 피어 있는데 눈이 내리면 이례적으로 모이고, 또 한 해가 저물기 전에 분에 심은 매화가 피면 모이기도 했던 것이다.

이 가운데 서지의 연꽃 집회는 현대인의 상상을 초월한 멋이 있었다.

서지는 지금 서울 서대문 밖 금화초등학교가 자리잡고 있는 자리에 있던 연못으로, 장안에서 연꽃이 크고 좋기로 으뜸이었다. 연꽃 필 날, 날을 잡아 이 선비들은 이른 새벽 어둠이 가시기 전에 이 못가에 모인다. 모두 모이면 이 못에 배를 띄우고 연꽃 복판으로 몰고 가 배를 멈추고 숨을 죽인다.

연꽃은 밤에 닫혔다가 이른 새벽 어둠이 가시면서 피는데, 연꽃이 필 때 가느다란 미성(微聲)을 낸다. 이 미성을 들을 줄 아는 섬세한 감성과 미(美)를 실밥 골라내듯이 씹어내어 내 것으로 삼는, 그 얼마나 미에 성숙된 우리 선조였던가. 게다가 청개화성(聽開花聲)을 두고 시를 지었으니, 세상이 오래되고 넓다 하지만 아마도 꽃 피는 소리까지 들을 줄 아는 백성은 동서고금에 더 없었을 것이다.

연산군 때 폐모(廢母)에 분개하여 낙향했던 조춘풍(趙春風)이 주축이 되어 결사했던 학시사(鶴詩社)도 기품을 복합시킨 한국인의 멋이었다. 이 결사에 든 선비들은 각기 한 마리의 학을 길렀다. 이 양학술(養鶴術)은 적이 형이상학적이고 또 정적인 대목이 많다. 이를테면 시를 읊는 소리를 많이 들은 학일수록 눈을 감는 오묘함이 더하다든가, 이른 새벽 꽃이슬로 학(鶴)벼슬을 닦아 주어야 선홍(鮮紅)이 더하다든가.

그리하여 1년에 한 번 각기 자기가 기른 학을 안고 가서 서로 상학(相鶴)을 하고 품평회를 한다. 그런 다음 장원에 뽑힌 학을 가운데 놓고 시를 짓는다. 또 이 결사(結社)에서는 섣달 그믐께 날을 받아서 제시(祭詩)를 한다. 1년 동안 지은 시를 모셔 놓고 제사를 지내는 것이다.

이 제시 습속은 《당서(唐書)》 가도전(賈島傳)에서 비롯된 것으로 보이며, 이 가도란 사람은 시 한 수 짓는 데 어찌나 심로(心勞)를 했던지 섣달 그믐날 밤 1년 동안 지은 시를 모시고 주포(酒脯)로 제사를 지내는데, 그로써 심로했던 정신을 보기(補氣)한다 했다.

이 시사의 한 유적으로 서울 필동 3가 동국대학교 구내 서북쪽 학생회관 앞에 있는 '동악 선생 시단'을 찾아볼 수 있었음은 퍽 다행한 일이었다. 동악 선생은 선조 때 계관 시인(桂冠詩人) 이안눌(李安訥)이며, 바로 이 동국대 캠퍼스의 서반(西半)이 동악의 집터였다.

순조(純祖) 때 지은 《한경식략(漢京識略)》에 보면, '동악 시단은 남산동(南山洞) 아래에 있는데 옛날 동악 이안눌이 그 집 뒤 기슭에 단(壇)을 쌓고, 여러 문사(文士)들과 함께 시를 읊던 곳으로 매우 성황을 이루었다. 여태껏 그 터전을 사람들이 동악시단이라 불러왔으며, 그 옆에 홀술의 홍매(紅梅)나무가 있는데, 중국에서 얻어 심은 것이다.' 했다.

살았으면 고목이 됐을 그 홍매는 없고, 다만 그 후 영조 때 동악의 현손(玄孫)인 이주진(李周鎭)이 이 시단을 기념하기 위해 새겨둔 여섯 글씨만이 옛터를 지켜내리고 있었다.

이주진은 이 옛터에 담을 쌓고 폐허가 된 단(壇)에 증토(增土)하는 한편, 물을 끌어 못을 만들었으며 단풍과 철쭉을 옮겨 심어 춘추(春秋)를 채색케 했던 것이다. 그럼 지금 자라고 있는 인근의 단풍과 철쭉은 그 옛 뿌리에서 돋아난 것들인가……

동악(東岳)은 당대의 명류인 이오봉(李五峯), 권석주(權石洲), 홍학곡(洪鶴谷) 등 일부 시인들을 이곳에 유숙시켜 시단(詩壇)에 모이기도 하고 시루(詩樓)에 모아 놓고 시종(詩鐘)이며 시환(詩丸)이며 제시(祭詩)를 하였으니 '인개앙지여신선(人皆仰之如神仙)'이라 아니할 수 없었겠다.

이 시단에서 거의 살다시피 한 저항 시인 석주(石洲) 권필(權韠)을 어찌 생각에서 놓칠 수 있을 것인가.

한국사에서 억울하게 죽은 사람은 숱하게 많지만 시 때문에 죽은 유일한 시인 석주의 원혼이 필자의 생각에 차원을 바꿔 놓는다.

궁(宮)버들 청청(靑靑)한데 꾀꼬리 요란하게 우는구나.
성(城)에 가득한 관개(冠蓋)가 봄볕에 싱긋거리네.
조정에서 더불어 태평악(太平樂)을 하례하는 판에
누가 시켜 위태한 말이 포위(선비)의 입에서 나오게 했나.

이것이 곧 목숨과 바꾼 시다.

궁버들 청청함은 광해군을 업고 갖은 악세(惡勢)를 자행하고 있던 당시의 외척 유희분(柳希奮)을 가리키고 포의(布衣)는 당시 악정을 간절하게 간했다는 이유로 수난받고 있던 임숙영(任

叔英)을 가리킨 것이다. 이 시를 짓고 무슨 예감이 들었던지 자기가 지은 시고(詩稿)를 보자기에 싸서 생질에게 맡기면서 그 보자기에다 다음과 같은 절구(絶句) 한 수를 썼다.

평생에 우스개 글귀를 즐겨 지어서
인간 만개의 입에 숙덕거림을 끌어 일으켰다.
이제부터는 입을 봉하고 내 생을 마칠 것이다.
옛날에 공부자(孔夫子)께서도 말 없고자 하셨는데.

이 시를 지은 지 사흘 후에 성난 광해군의 어명에 의해 붙들려가 혹심한 형장(刑杖)을 받는다. 당시 좌의정 이항복(李恒福)은 임금 앞에 가 시로써 선비에게 형장(刑杖)을 가하는 것은 성덕(聖德)에 누를 끼치는 것이라고 반일(半日) 동안 만류했고, 이덕형(李德馨)도 국가에서 시안(詩案)으로 선비를 죽이는 것은 마땅하지 못하다고 아뢰었다.

'우리들이 정승 자리에 있으면서 한 사람의 권필(權鞸)을 능히 살리지 못했으니, 선비 죽인 책망을 어찌 면할 것인가.' 하는 이항복의 자탄은 실로 유명하다.

그는 북변으로 귀양 가게 되었는데, 겨우 동대문 밖에 나아가 첫밤을 못 넘기고 장독(杖毒)으로 죽고 말았다. 죽기 전야에 유숙하는 집 주인이 술을 대접하여 권필이 많이 취했으나 이튿날 일어나 보니 죽어 있었다 한다. 주인은 방문을 떼어서 시상(屍

床)을 만들었는데 그 문에 권필이 죽기 직전에 쓴 것으로 보이는 시 한 수가 적혀 있었다.

　삼월은 거의 다 갔고 사월이 오는데
　복사꽃 어지러이 떨어져 붉은 비 같으니…….

　그리고 '이것이 시참(詩讖)이다. 내가 죽으리로다.' 하는 낙서를 해놓았다 한다. 시인이 시 때문에 시적인 죽음을 당한 것이다.
　정철(鄭澈)이 강계(江界)에 귀양 가 있을 때 이 동악 시단에서 술잔을 주고받던 이안눌과 권필은 정철의 고독한 풍류를 사모하여, 그 멀리까지 찾아와 시회(詩會)로써 정철을 위로하였다. 소위 원정시회(遠征詩會)라 할 것이다. 이때 정철은 두 젊은 시인을 보고 '이 길에 천상(天上)의 두 적선(謫仙)을 얻어 보았다.' 했다.
　그래서 동악 시단은 한국인의 멋의 존재 방식이요, 특유한 생활 형태의 증명이다. 감정의 오묘함으로 횡사(橫絲)를 뽑고 감정의 섬세함으로 종사(縱絲)를 뽑아 그 두 실가닥으로 감정을 교직(交織)하며 살았던, 잊어버린 소중한 망실탑(忘矢塔)이기도 하다.

자치 경영의 본

　일제 통치 시대에 이르기까지 한국의 7만 1천여 촌락은 사실상 행정·문화·교육·경제·토목·오락에 이르기까지 자치적으로 경영되어 왔으며, 국가 권력의 하향적 행정은 거의 없고 국가 권력에서의 상향적 의무만을 다해 왔다 해도 과언이 아니었다. 이 자치 경영의 본이 되었던 것이 곧 계(稧)였다.
　일정 수의 사람끼리 강제 또는 임의로 모임을 만들어 어떠한 목적에 쓰기 위해 금품이나 재물을 추렴하여 모은다. 그 성격은 신용조합 같은 것도 있고, 보험 또는 저축 같은 것도 있으며 금융기관, 상부상조 그리고 자치 자금의 성질의 것 등 다양했다.
　이 계의 습속은 어떠한 외부적인 힘에 의해 강요받지 않고 자발적으로 이루어진 것이었기에 전국 각지에 공통된다는 법은 없었다.

개화기 때 채집된 이 계의 습속은 대체로 공익 사업을 위한 계, 공제(共濟)를 위한 계, 생산(生産)을 위한 계, 영리(營利)를 위한 계, 사고 또는 오락을 위한 계로 대별해 볼 수 있다. 공익 사업을 위한 계의 대표적인 것으로는 호포계(戶布禊)·송계(松禊)·학계(學禊)·이중계(里中禊) 등을 들 수 있다.

호포계는 서민에게 과중했던 납세할 금품을 계 재산의 운용으로 충당하는 계이다. 호포계는 온 마을 사람이 모두 가입해야 하며, 3년 내지 5년 동안 분할 출자하여 곡식이나 금전을 일정량 비축해 두고 그것을 재원으로 이식(利殖)을 취해 해마다 배당되는 호세(戶稅) 또는 기타의 세금을 공납했던 계이다. 옛날에는 가가호호를 대상으로 세금이 부과된 것이 아니라 마을 단위로 부과되었으므로 이 같은 공동 지출 제도가 발생할 수 있었다.

마을에 따라 동리형(洞里刑)을 받은 절도범·풍속범·윤상범(倫常犯)에게 태형 대신 벌금을 과하여 그 벌금을 호포계의 기금에 충당하기도 했다. 이 호포계의 기금 관리는 대개 이장이나 촌장이 관리하므로 그들의 경거 망동한 자제들이 유흥비로 횡령하는 사건이 빈번했다. 특히 개화기 이래 젊은 세대들이 집안에서 뛰쳐나가는 풍조가 일면서부터 호포계금의 횡령은 매우 자주 있었다.

세금을 대납하기 위한 호포계 이외에 동리의 공공사업, 이를테면 다리를 놓는다든지 하천 공사를 할 때의 기금을 위해 이중계라는 게 있었다. 이중계는 대개 1년 단위로 춘추 두 차례 추렴하여 이식하거나, 그렇지 않으면 동네 논〔洞畓〕을 사서 농사를 짓게 하여 그 수확으로 공사비에 충당하곤 했다.

사유가 아닌 공공의 산에서 나무를 자르지 않고 식목을 하는 산림 애호의 정신적 계약으로, 송계나 금송계(禁松楔)도 널리 보편화되어 있었다.

송계 계원들은 당번을 정해 나무 자르는 것을 감시하는 순산 금송(巡山禁松)의 의무가 있으며, 나무에 물이 오를 철이면 아울러 나무 심을 의무가 있었다. 그리고 이 노역의 대가는 5년 내지 10년 후 나무가 자란 후에 계원 일동이 입산, 벌채하고 그 이익금을 나누어 받는 이권으로 받았다. 또 그 산에 가서 갈잎이나 마른 가지를 자를 이권도 계원에게만 부여했다.

금송 순산할 때 남벌하는 자를 잡으면 계장(楔長) 집에 잡아다가 대개 30대의 태형을 가하는 것이 상식이나, 계에 따라서는 벌금을 받기도 했다. '낫으로 한 그루 자르면 5전, 도끼로 한 그루 자르면 50전, 톱으로 한 그루 자르면 1원'이 벌금이었다. 개인의 산도 동리의 송계와 계약을 맺고 순산을 의뢰하기 마련이었다. 그 대가로 낙엽과 고사(枯死)한 가지를 쳐 갈 수 있는 이권이 있었다. 특히 외지에 사는 소유주의 산은 대부분이 송계에 의해 유지되기도 했다.

그런데 서울에 사는 세도가나 권력자의 송계 계원은 그 세도의 그늘에서 횡포가 심해 집안에다 사형(私刑) 틀을 상비해 놓고 백성을 잡아다 마구 치고 약탈을 일삼는 폐단까지도 생겨났다. 또 개화와 더불어 행정력이 동(洞) 단위까지 미치자 이 산림 애호와 경제적 이익이 복합된 이상적 양풍(良風)은 이지러지기 시작하여 그 울창하던 산들이 붉은 살갗을 드러내기 시작했다.

또 자제들의 교육을 위해 서당을 공공 경영하기 위한 학계(學稧)도 있었다. 흥학계(興學稧)·서당계(書堂稧)·서재계(書齋稧)·제계(齋稧) 등으로 불렸던 이 계도 자제들을 가르치고 싶은 이들이 추렴으로 전답을 사놓고 그 이익으로 선생의 보수, 아동들의 지묵(紙墨)값을 충당했다. 이 밖에 과거 보러 가는 데 필요한 비용의 지출을 위한 과계(科稧), 사원(寺院) 유지를 위한 불계(佛稧) 등도 공익계의 일종으로 간주할 수 있다.

공익과 공제 목적

❀ ❀ ❀

공제(共濟)를 목적으로 하는 계도 다양했다. 가장 보편적인 것이 상계(喪稧), 혼계(婚稧) 또는 혼상계(婚喪稧)였다. 상계의 명칭은 초상계(初喪稧)·상여계(喪輿稧)·평루계(萍樓稧)·감의계(感義稧)·돈의계(敦誼稧) 등으로 지방에 따라 다르나 목적은 상을 당했을 때 상부상조하자는 데 일치하고 있다. 그 방법은,

첫째 계원 중 상을 입으면 계원이 출자하여 상례에 필요한 관곽(棺槨)·술·쌀·삼베·무명·초·향·상장(喪杖)·상갓(喪笠), 석회(石灰) 등을 조달하는 것, 둘째 평소에 적립해 온 곗돈의 이식으로 이 상비(喪費)에 충당하는 것, 셋째 단 한 번의 출자로 상여 등 공동 상구(喪具)를 사놓고 공동 사용하는 것 등이 있다.

그 실례로 개성의 돈의계(敦誼稧) 계칙을 보면, 첫째 계원은 반드시 조문(弔問)을 하되 풍우(風雨)에 아랑곳없고 자정을 넘기고 집에 돌아갈 것, 둘째 계원 중 직계의 상에는 최소 5냥 이상을 부주할 것 등이 명시되어 있다. 삼화의 감의계 계칙을 보면, '부의금은 25냥, 따로 촉지대(燭紙代)로서 3냥, 남초(南草) 두 근을 들고 문상할 것'으로 규약해 놓고 있다.

칠곡의 일상계(一商稧)는 계원 21명이 각기 20냥씩 추렴해서 공동 상여를 마련해 두었으며, 이 계원이 직접 상여를 메게끔 정해져 있었다. 계원 이외의 사람에게도 이 공동 상여를 대여해 주는데 그럴 때는 대여비를 받아 상구 유지비로 삼았다.

혼계도 혼구(婚具)를 공동 구입해서 사용하는 경우가 보편화되었기에 혼인시 금전 추렴은 흔한 편이 아니었다. 주로 가마, 사모(紗帽), 큰 비녀, 관대, 등롱(燈籠), 목안(木雁), 나막신, 족두리 등을 공동 구입하여 돌려가며 썼다.

혼상계는 상계와 혼계가 복합된 것으로 차일계(遮日稧)·백미

계(白米稧) 등으로도 불렸다.

이 밖에 불시의 재해에 대비하기 위한 재해 보험의 원시적 형태로서 불계〔火稧〕·모군계(募君稧)·우계(牛稧) 등이 있었다. 평소에 곗돈을 모아두었다가 불이 나거나 일할 만한 아들이 군역(軍役)에 뽑혀 가거나 농사짓는 소가 죽거나 도난당하면 그 기금의 이식에서 변상을 해 주었던 것이다. 그렇지만 대개 전액 지불이 아니고 또 재해에 대한 우려가 긴박한 것이 아니었으므로 유명무실했었다. 개화기에는 일부러 소를 도난당한 듯 위장하여 돈을 타려는 악습이 성행하여 행정 지시로 이 우계를 하지 못하도록 제지한 일까지도 있었다.

씨족의 종족 관념은 선조 숭배와 동족 공제(共濟)를 위해 종계(宗稧)를 맺었다. 종중계(宗中稧), 종약계(宗約稧), 보종계(補宗稧), 문계(門稧), 문중계(門中稧), 위토계(位土稧) 등으로 불리운 이 계는 일정한 출자로 위토(位土)를 사놓고 종문 중 가난한 사람으로 하여금 소작케 하여 그 이식으로 선조묘의 시제, 묘역 정돈 등에 쓰고, 문중의 곤궁한 자의 관혼 상제, 또는 생활 보조, 과거 비용 등을 지출했다.

우리나라의 촌락이 주로 동성(同姓)의 종문 취락으로 구성되어 있으므로 이 종계는 사실상 모든 다른 계를 대행하기도 했다. 특히 종문 자제만을 다니게 하는 서당 경영도 이 종문계에 의해 유지된 경우가 많으며, 종문 중 벼슬하다가 낙향한 사람의 생활 보장을 위한 낙향미(落鄕米) 지출도 모두 종계에서 맡았다. 그러기에 옛 선비들이 생활 때문에 지조를 굽히거나 비굴해지는 법이 없었으며, 이 종계와 대가족 제도는 한국인의 양성적 가치관 형성의 중요한 요인이 되었던 것이다.

양반의 품격을 평가하는 데 그 가문에 문집(文集)이 있는가, 종계(宗稧)가 있는가로 기준을 삼았던 것도 이 종계가 뒷받침해 주는 가풍 유지의 유무를 중요시했기 때문이었다.

교통이 불편했던 지리적 결함을 덜기 위한 세찬계(歲饌稧)도 공제를 위한 계 중 하나로 정월 대보름·한식·추석 등 명절 때 필요로 하는 물자를 공동 구입하였다.

대량 구매에 따른 경제적 이득과 친목계를 겸한 이 세찬계는 비단 명절 물자뿐만 아니라 생활 필수품 공동 구입으로까지 발전하여 협동 조합의 원시적 구실을 했다. 그래서 이 세찬계는 보미계(補米稧)·소목계(燒木稧)·주계(酒稧) 등으로 분화해 나갔다.

공제를 위한 것말고 생산 및 생산 보조를 목적으로 한 계도 성행했다. 토지등기법이 시행되기 이전인 한말 이전에는 소유주가 분명치 않은 토지가 많았다. 이 유휴 토지를 인근 주민들이 공동으로 개간, 공동 비용으로 경작하여 그 수입을 이장 등의 보수, 호세 대납, 동네 관혼상제, 빈곤자 구호비 등으로 충당했는데 이를 농계라고 했다.

경술년 합방 직후 이 같은 공동 경작 지구는 전국에 9백 개소 1천 6백 26정보였으며 그 수확을 경작자들이 분배하는 곳이 4

백 96개소, 농계(農稧)로 공제(共濟)에 충당하는 곳이 4백 4개소였다. 지붕을 덮기 위한 갈대밭의 공동 소유를 위해 모전계(茅田稧), 식료인 미나리밭의 공동 경영·분배를 하는 미나리계, 그리고 목초의 분배를 위한 초전계(草田稧) 등은 이 범주에 속한다.

농촌의 농사(農社)도 생산을 돕는 계의 일종이었다. 농사 조직은 유력한 농부를 영수(領首), 또는 좌상(座上), 반수(班首)로 추대하고 각 집에서 한 명씩 부역을 차출, 20~30명이 일단이 된다. 이 농사원들은 '농자천하지대본(農者天下之大本)'이란 큰 깃발을 들고 들에 나아가 사원(社員) 집의 모심기, 김매기 등을 한다. 사원 이외의 집에서 일을 해주고 일정 임금을 받아 농사의 경비, 유흥비에 충당하고 곳에 따라 호포세를 대납하기도 한다.

또 잦은 한 해 홍수에 대비한 농가의 협동 결사(結社)로서 몽리계(蒙利稧)가 있다. 주로 보(洑)를 막는 보계, 저수 관개(灌漑)를 위한 뚝계, 큰 저수지의 몽리 농민끼리 제방 수리를 목적으로 한 계 등이 있다. 한데 모두 몽리 농민끼리 맺기 마련이었다.

전북 옥구의 제방 수리를 목적으로 한 뚝계의 몽리자는 3백 1명으로 이루어져 있었는데, 수리 공사 때 지주는 주식대를 부담하고 소작인들은 노역을 제공하였다. 또 따로 한 마지기당 엽전 한 닢씩을 거두어 공사 물자비로 충당하였고 나머지 돈을 계금으로 남겨두어 이식을 늘렸다.

이 밖에 방아계라 하여 연자방아나 디딜방아, 물레방아를 공동 출자해 만들어서 계원은 공동 이용하는 한편 계원 이외에는 사용료를 받아 유지비로 하는 농구계도 성행했다.

어촌에서는 공동으로 배나 어망을 구입하여 공동 사용하는 선계(船稧)·어망계(漁網稧)도 있었다.

이상과 같은 공익과 공제의 아름다운 계풍은 개화기 이래 사양길에 들어섰고, 이익을 추구하는 영리 목적의 계만이 계속 성행하였다.

산통계와 삼십육계

공제적 신용 저축 기능과 영리적 소은행 기능을 복합시킨 식리계(殖利稧) 또는 취리계(取利稧)는 일정 기간 동안 계금을 모아서 그 기금으로 돈이 필요한 사람에게 고리(高利) 대부해 주어 이식을 취해 그 이식을 계원들이 나누어 갖는 것이다. 이 식리계의 돈을 융자하려면 계원의 보증이 있을 때는 신용 대부를 해주나, 계원의 보증이 없으면 쌍보(雙保)·삼보(三保) 등 보증인의 연대 변계 시스템으로 빌려준다. 만약 계원이 관혼상제나 불우한 일을 당해 돈이 필요하면 원금 반환 또는 저리 융자를 해준다.

이 식리계가 부인들끼리 이루어졌을 때 부계(婦稧)라 하였고, 대부금을 일부 월부로 갚게 하는 분할 상환의 경우 그 계는 일수계(日數稧)·월수계(月數稧)로 통칭되었다.

도박성이 깃든 산통계(算筒稧)도 널리 유포되었다. 무슨 일이 잘 안되었을 때 산통 깨졌다고 말하는 것은 이 산통계가 깨졌을 때 얼마만큼 수습할 수 없는가를 말해 주는 것이 된다.

산통계는 목돈이 필요한 사람끼리 계를 맺고 일구(一口)당 일정한 금액을 일정 기간 동안 불입하면서 추첨으로 순서를 정해 목돈을 타는 무진 금융의 일종이다. 이 산통계에는 상호 부조를 위한 신용 대여 기능과 영리적 금융 기능의 두 종류가 있다. 상부 상조를 위한 산통계는 계원의 나이 순서, 가난한 순서 또는 추첨으로 이 계를 타가고 약간의 이자로 계의 경비를 삼는다.

영리를 위한 산통계는 통계(筒稧)·동신계(同信稧)·상신계(相信稧)·장흥계(長興稧)·일심계(一心稧)라고도 부르며, 신용 대부를 해주는 계주와 대부를 받는 계원간의 분화가 현저하다.

경영자는 도가(都家)라 한다. 도가 밑에 통수(統首)가 있고 통수 밑에 계원이 있다. 이를테면 발기인이 도가요, 도가는 뜻을 같이한 통수 10명으로 하여금 각자 10명씩의 계원을 모집토록 한다. 모집이 되면 111명의 산통계가 이루어진다. 일구당 불입하는 곗돈이 5원, 타가는 목돈은 백 원, 계가 끝나는 기간을 20개월로 하고 한 달에 곗돈 타는 사람을 5명으로 한다.

옛날에는 통(筒)이라 부르는 도구로 추첨을 하여 당첨자를 정했다. 곗돈을 줄 때 백 원에서 10원 내외를 떼내어 계의 경비로 쓰고, 나머지는 도가 및 통수가 분배해 가졌다. 계원은 도가에게서 발부받은 유가 증권 계표(楔票, 項票라고도 불렀다)를 전매(轉賣)함으로써 계를 자유롭게 탈퇴할 수 있는 것이 특징이었다.

산통계와 같은 것으로 작파계(作罷楔)가 있는데 이것은 당첨하여 곗돈을 탈 때 곗돈을 내지 않는 것만이 산통계와 다를 뿐이다. 투기심을 이용한 이 산통계와 작파계는 제용(濟用)·흥복(興福)·창신(昌信)·길성(吉星) 등 미명의 계명으로 개화기 이래 널리 이용되었으며, 계원의 규모에 따라 백인계·천인계·만인계까지 있었다.

고리대(高利貸) 성향이 농후한 계로 십층계(十層楔)도 개화기 이래 성행했다. 십층계는 계원들이 일정한 출자로 기금을 만들고 월수(月收), 반년수(半年收), 연수(年收) 등으로 대부를 해주고 그 이익금을 계원들이 나누어 갖는 것이다.

또 잡백계(雜百楔)라 하여 일정한 계원 없이, 1매당, 몇십 전 하는 증권을 만들어 팔고 그 표만 가지면 몇 명씩 조를 짜 당장 추첨해 나누어 가졌다. 이것은 계라기보다 도박에 가까우며 이익금의 20~30퍼센트가 이 잡백계주의 차지가 된다.

한말 청조 상인들이 와서 퍼뜨린 삼십육계(三十六楔)는 복권(福券)의 축소판으로 삼십육계도(三十六楔圖)에 당첨 표시를 하여 봉해 두고 복권을 팔았다. 당첨되면 대개 복권값의 30배를 받았는데, 당첨율은 36대 1, 주로 평안남북도와 황해도에 성행하여 일가의 가산을 탕진한 사람이 속출, 경찰이 개입까지 했던 도박계였다.

옛 문헌에 가장 자주 나타나는 계는 친목과 사교를 도모하고 도덕적인 향상을 목적으로 하는 계로, 우리나라 계의 원시적 순수한 형태의 것으로 보여진다. 부모를 즐겁게 해주고 위해 주는 취지에서 모인 수갑계(壽甲稧)·친수계(親壽稧)·헌수계(獻壽稧), 한 스승의 제자끼리 친목과 스승을 위한 은문계(恩門稧)·문하계(門下稧) 등이 보편화되었던 도덕적 계였다.

《응천일록(凝川日錄)》제5권에 보면, 세종 때 이정간(李貞幹, 관찰사)·한준겸(韓俊謙, 부원군)·윤돈(尹暾, 참판)·강신(姜紳, 진흥군)·홍이상(洪履祥, 동지) 등 명신들이 수친계(壽親稧)를 맺었다고 하였고, 인조 때 홍서봉(洪瑞鳳, 좌참찬)·장유(張維, 형조판서)·김기종(金起宗, 호조판서)·안응형(安應亨, 호조판서) 등 당상관 18명이 친수계를 맺고 차례로 계원의 노친을 위해 매월 보름에 돌아가며 잔치를 벌였다. 당상관의 잔치이고 또 계원 가족들이 모두 참여했으므로 집이 좁아 옛날 병조(兵曹) 건물을 빌려 잔치를 베푸는 폐단도 파생했지만 병자호란으로 문란해진 효행 부흥에는 큰 역할을 했다고 기록되어 있다.

선비 사회가 스승 중심으로 형성되었으므로 은문계나 문하계는 종계(宗稧)만큼 보편화되어 있었다.

친목계는 다양했다. 과거에 같이 등과한 사람끼리 맺는 동방

계(同榜稧), 동갑계(同甲稧), 시유(詩遊)로 맺은 금란계(金蘭稧), 시계(詩稧), 활쏘기로 맺은 사정계(射亭稧), 동성끼리 맺는 화수계(花樹稧), 산유(山遊)로 맺는 유산계(遊山稧) 등이 있었다.

직장 친목과 상부 상조를 위한 직장계도 다양했다. 전통이 있는 직장계를 추려 보면 대략 다음과 같다. 사간원계(司諫院稧), 예조의 정랑(正朗)·좌랑(左朗) 벼슬끼리 맺는 예랑계(禮朗稧), 한성부의 부랑계(府朗稧), 오위부장(五衛部將)끼리 맺는 부장계(部將稧), 선전관계(宣傳官稧), 도총부계(都摠府稧), 옥당학사계(玉堂學士稧), 사옹원계(司饔阮稧), 금오당끼리 맺은 금오계(金吾稧), 은대계(銀臺稧), 상대계(霜臺稧) 그리고 특색 있는 것으로는 선위사(宣慰使)로 다녀온 사람끼리 맺은 선위사계(宣慰使稧), 함경도 야인 구축장사계(驅逐將士稧) 등이 유명했다.

청소년간의 사생동지계(死生同志稧)도 한국의 서민 생태를 아는 습속으로 주의를 끈다. 개화기 때 이르러서는 상부 상조로 그 계축(稧軸, 稧約)이 변천됐지만 그 이전에는 충의·동의·면학(勉學) 요인이 짙었다.

신라 청소년들이 몇 년 안으로 무슨 책을 통독하고, 부모가 아프면 상휼(相恤)하여 과오나 못된 짓을 하지 않고 나라가 위급하면 칼을 들어 앞장선다는 내용의 계약을 돌에 새겨 산정(山頂)에 묻고 서천(誓天)하는 습속이 도의를 존중하는 전통을 따라 근근이 유지되어 조선 중엽 때만 해도 우국출전(憂國出戰),

덕업상권(德業相勸), 과실상규(過失相規), 예속상교(禮俗相交), 환난상휼(患難相恤)의 사생동지계가 성행했다.

《삼우당실기(三友堂實記)》에 보면 이장덕(李嶂德, 판관)·조영혼(趙英混, 현감)·허정(許廷, 군수)·남홍술(南弘述, 선전관)·남이흥(南以興, 현감)·유시건(柳時楗, 선전관)·유덕붕(柳德鵬, 선전관)·이수언(李壽鷗, 선전관)·이윤수(李胤緒, 선전관)·이의(李宜, 선전관)·안광순(安光舜, 현감)·엄황(嚴幌, 수사) 등 12명의 사생동지계축(死生同志稧軸)이 기록되어 있다. 계는 촌락 자치 및 경제 체제의 유물로 한국인의 경제·도의·공공·사교 등 온갖 부면을 한국 땅에 부지해 온 중요한 습속이었던 것이다.

금줄이 주는 주술력

왼새끼 꼬며 우는 아버지

지금 어느 한 시골 마을에 들어섰다고 하자. 오리정 또는 숲거리로 불리는 방풍림을 거치기 마련이다. 그리고 이 마을 숲에서 성황이라 하는 돌무더기를 볼 것이다. 그 돌무더기에는 짚이나 조선 종이, 또는 솔가지를 낀 새끼줄이 둘러 있고, 그 인근에 천하대장군·지하여장군이라 쓰인 장승들을 볼 수 있으며, 그 밑둥에 금줄이 둘러 있을 것이다.

또 마을 입구에 신목(神木)이라 하는 아름드리 느티나무 등에도 금줄이 둘러 있을 것이고 이따금 동네 샘에서도 이 금줄을 볼 것이다.

집 문기둥에 쳐진 금줄을 보면 아기를 낳은 집임을 알고, 또 금줄의 형태로 보아 그 집에 짐승이 새끼를 낳았다는 것도 알 수가 있다. 뿐만 아니라, 집 안에 들어서면 장독대의 간장독에도 이 금줄이 둘러 있음을 흔히 볼 수 있다.

금줄이 우리 선조들의 일상 생활과 밀접한 연관이 있었음은 두말할 나위가 없다. 금줄은 지방에 따라 또 계급에 따라 각기 다른 이름으로 불리었다. 여느 서민들은 금줄 또는 인줄, 왼새끼라고 불렀고, 상류 계급에서는 금기줄(禁忌繩)·좌색(左索)·문색(門索)·태색(胎索)이라 불렀다. 색(索)은 새끼의 한문 표기인 듯하다. 문헌에는 주련승(注連繩)으로 많이 표현되는데 이는 지식층에서 그렇게 불렀으리라는 추리를 할 수가 있겠다.

금줄의 많은 용도 가운데 아이를 낳았을 때의 금줄에 국한해서 살펴보기로 하겠다. 삼남 지방의 수심가 중 '날 낳고 우리 아버지 왼새끼 꼬며 울었다.' 하는 애절한 대목이 있다. 남도 기생의 신세 타령 가운데 이처럼 심금을 울리는 대목은 더 없을 것이다. 금줄인 왼새끼(左索)를 꼬며 운다는 말은 바로 딸을 낳았다는 표현이다. 진통의 비명소리를 방 밖에서 들으며 초조하게 기다리고 있는 남편은 진통하는 아내가 중요한 것이 아니라 고추냐 아니냐로 초조한 것이다. 고추라면 지화자 춤으로 세 바퀴 마당을 돌고 왼새끼를 꼬기 위해 사랑에 들며, 고추가 아니라면 지화자 춤도 없이 그저 울면서 왼새끼를 꼬기 마련이었다.

이 금줄 풍습 분포는 전라·경상·충청의 여섯 개 도(道)와 경기도의 약 3분 2에 해당하는 지역, 그리고 함경도 해안 지방에서 성행했고, 평안·황해 등 북반(北半) 지역에는 보편화되지 않았다. 마치 오늘날의 휴전선이 이 금줄 분포의 분계선처럼 되어 있어 국토의 슬픈 금줄을 연상시키기도 한다.

서북 지방의 상류 사회에서는 금줄 대신 글을 써붙였다. 개성이나 평양 등지에서는 사내아이를 낳았을 때 '유산경기부정(有産慶忌不淨)', 계집아이를 낳았을 때 '유산고기부정(有産故忌不淨)', 혹은 남녀 가리지 않고 '해산가(解産家)'라고 백지에 써서 문설주에 붙여 놓았다. 사내아이에게는 '경(慶)'이라는 경사의 뜻을 넣어 계집아이와 차별하고 있는 점이 주목을 끈다. 여느 서북 지방 서민들은 아이를 낳으면 산부가 산고(産苦) 때 깔고 누웠던 돗자리를 문앞에 침으로써 외부와 차단하거나 그저 문고리를 걸어두는 것이 고작이었다.

진남포(鎭南浦) 부근에서는 화목(火木) 장작을 문 곁에 쌓아 놓는 것으로 금기를 표시했고, 강원도 동해안 통천(通川)·고성(高城) 지방에서는 솔가지를 꺾어 처마 밑에 거꾸로 꽂아 놓는 것으로 산고를 표시했다. 사내아이의 경우 큰 소나무 한 가지를, 계집아이의 경우 잔솔가지 두서너 개를 걸어둠으로써 역시 차별을 하였다. 함경도 함흥·정평(定平)·홍천(洪川) 지방에서는 남녀 차별 없이 그저 솔가지를 두 문기둥에 걸어 놓기만 했다. 곳에 따라서 계집아이를 낳았을 때는 솔가지를 걸어 놓는 작업마저도 하지 않는 게 풍습이 되어 있기도 했다. 이로써 금줄은 남반(南半) 지역의 풍습임을 알 수 있다.

왼새끼 속전(俗傳)

● ● ●

여느 새끼는 오른쪽으로 꼬는데 금줄만은 외로 꼬는 뜻에 대한 정설은 아직 없다. 속전에 의하면, 귀신은 왼쪽을 두려워하므로 이 왼새끼로 귀신을 협박하여 악귀들을 금줄 안에 들어오지 못하게 한다는, 벽사(辟邪)의 뜻에서 그렇게 발상되었다 한다. 밤길에 귀신을 만나면 왼발을 억세게 딛고 침을 세 번 뱉으면 도망친다는 속전, 그리고 귀신과 만나면 왼발 씨름을 해야 이긴다는 속전 등도 이 왼새끼와 관련이 있다고 본다.

질병, 사고 등 모든 불행의 요소를 귀신의 소치로 보았던 선조들은 그 귀신의 허점이나 약점을 찾기 마련이었고, 그 허점으로 귀신은 왼쪽이 약하다는 것을 발견한 것이다. 왜 왼쪽이 약하다고 여기게 되었을까. 거기에는 인류학적인 전개가 필요할 것 같다. 우리 선조뿐만 아니라 온 세계 사람들은 왼쪽으로 간다는 것을 의식 세계로 이르는 것으로 알았다. 좌(左)는 유명(幽明) 쪽이요, 우(右)는 실명(實明) 쪽이며, 또 좌는 과거요, 우는 미래를 향한 쪽이라고 이해했다.

심리학자 융은 1651년에 그려진 미카엘마리어의 바이어토리엄 벽화에서 독수리가 나는 방향으로 표시된 실명과 유명 세계를 그 예증으로 들고 있다. 올라가는 선 '/'을 그을 때 왼쪽에서 오른쪽으로 '/' 긋지, 왼쪽에서 오른쪽으로 '/' 그어 내린다는 법은 없다.

어느 한 원점을 두고 오른쪽은 우리가 살고 있는 사실 세계요, 그 왼쪽은 상상 속의 비사실 세계로 이해했던 것이다. 이승은 오른쪽이요, 저승은 왼쪽이었다. 인간 사회는 오른쪽이요, 신령 사회는 왼쪽인 것이다.

이 세상의 모든 신앙과 종교는 오른쪽에서 왼쪽으로 향하는 정신적 상황이었다. 그리고 그 접합 지점인 원점(原點)을 신역(神域)으로 정하고 신성시할 필요를 느꼈던 것이다. 그곳은 왼쪽의 신명과 오른쪽의 인간이 왕래하는 완충 지대로 여겨졌으며, 그 신역 표시의 한국적 형태가 금줄이었다. 그 신역 표시에 왼새끼를 쓴다는 것은 원시적 사고로 극히 합당하다고 본다. 과학적으로 해명하기 이전의 사회에서는 사람의 출생·결혼·죽음 그리고 병이나 사고 등 인간의 극한 상황을 모두 왼쪽에 있는 무의식적 신명(神明)의 작용으로 이해했다.

그러기에 그 같은 '왼쪽의 작용'이 가해지고 있는 장(場)에는 신역 표시가 필요했다. 아이를 낳을 때 금줄을 치는 원천적 이유는 이 탄생이라는 신명 작용을 신성하게 보장하는 경건함에 있었을 것이다. 이 신성을 보장하기 위해 쳐진 금줄이기에 부정 탄 사람의 출입이 금기되었고, 아울러 그 신역 표시줄이 금줄로 불리우게 되었을 것이다. 귀신이 왼쪽에 약하다는 말은 이 왼새끼를 두고 후세 사람들이 조작한 말이라고 생각된다.

이 밖에도 왼새끼를 해명하는 속전은 많다.

장수(長壽)의 상징인 동방삭(東方朔)과 죽음의 상징인 염라대왕이 싸울 때 동방삭은 염라대왕의 전위병인 귀신들을 꾀어 그들이 가장 두려워하는 것을 알아냈다. 그가 외로 꼰 새끼와 가시 돋친 엄나무를 들고 있었더니 죽음의 사자인 귀신들이 접근을 못해서 삼천갑자(三千甲子)라는 기나긴 세월을 살 수 있었다는 것이다.

또 정월 보름날 왼새끼를 문설주에 걸어 놓는 이유로써 금줄의 왼새끼를 합리화하기도 했다. 이 새끼를 풀어야 집안에 들어갈 수 있으므로 귀신들은 새끼를 풀기 시작한다. 여느 새끼 같으면 오른쪽으로 꼬았기에 쉽게 풀 수 있지만 왼새끼는 풀기가 까다로우므로 이를 풀다가 닭이 울고 날이 밝으면 귀신들은 도망친다는 것이다.

또 식자(識者)간에는 음양오행설로 합리화하기도 했다. 새끼는 곧고 좌(左)는 양덕(陽德)이므로 왼새끼는 청명(淸明)을 뜻한다 하였고, 또 왼새끼는 천도(天道)가 왼쪽으로 도는 것을 본뜬 것이라고도 하였다. 주(周)나라 종묘(宗廟) 제도가 좌존(左尊)한 데서 왼새끼는 신성(神聖)을 강조하는 뜻이라고도 풀이하였다.

하지만 이상의 모든 것은 신빙성도 없고 강인부회의 합리화에 불과하다고 본다. 이 금줄에 꽂은 물품은 지방에 따라 많은 차이가 있고 또 탄생한 아이의 성별에 따라서도 다르다. 꽂는 수도 차이가 있으나 3, 5, 7이 가장 많다. 지방에 따라 사내아이를 낳으면 3, 5, 7 홀수, 계집아이를 낳으면 2, 6, 8 짝수로 하기도 한다. 금줄의 부착물 가운데 가장 흔히 볼 수 있는 것이 붉은 고추다. 주로 사내아이의 탄생 때 부착시키나, 일부지방에서는 남녀 상관없이 고추를 금줄에 꽂기도 한다. 속전에 따르면 고추를 꽂는 것은 고추의 생김새가 사내아이의 고추(性器)와 유사하고 또 이름도 같은 데서 비롯된 유감 주술이라고 본다. 모두 일리가 있긴 하나 그보다도 고추가 붉다는 것, 생활 주변에서 가장 손쉽게 구할 수 있는 붉은 것이라는 것, 또 붉으면서 맵다는 것을 주술적으로 이용한 것 같다.

우리 선조들은 해를 끼치는 악귀들이 제일 무서워하는 빛을 붉은빛으로 알았다. 시집가는 날 팥을 던지는 풍습, 동짓날 팥죽을 끓여 벽에 뿌리는 풍습, 새 수령이 부임할 때 길에 황토를 뿌리는 풍습 등은 모두 붉은빛의 척사성(斥邪性)을 이용한 것이다.

인류학자 프레이저나 바즈랄의 불의 연구에 의하면 불에 대한 원시적 공포가 이 붉은빛을 통해 현대인 속에도 살아 있으며 붉은빛의 척사성도 그로써 해석하고 있다. 붉은 고추를 금줄에 꽂는 뜻도 붉은빛의 척사성으로 이해해야 할 것이다.

그 다음 흔한 부착물로서 숯을 들 수 있다. 숯 역시 불의 상징과 밀접한 연관이 있다. J. E. 서롤트의 《상징사전》에 의하면, 숯은 불의 상징적 뜻을 강조하거나 광명세계(태양)와 대조된 유명세계(암흑)를 상징한다는 것이다. 한국의 금줄에 꽂힌 숯은 고추가 갖는 척사성을 강조하는 것으로 이해되기도 한다. 또 솔가지와 대가지도 꽂는데, 솔이나 대는 상록수이기에 추위를 이기는 강인한 상징을 척사에 이용한 것으로 보인다.

전라도 · 경상도 해안 지방에서는 미역이나 미역귀를 금줄에 달고 합천(陜川) 일부에서는 김[海笞]을, 고성(固城) 일부에서는 해면(海綿)을 금줄에 꽂는데 이 역시 '해물 → 소금'이 갖는 척사성을 이용한 것일 게다. 지금도 초상집에서 돌아올 때나 가게에서 재수 없는 손님이 나간 후 소금을 뿌리는 풍습은 모두 소금이 갖는 척사성을 주술적으로 이용한 것이다.

또 영주 · 풍기 · 봉화 지방에서 채집된 자료에 의하면, 사내아이를 낳으면 타원형이나 원형의 돌 두 개를 금줄에 꽂았다. 이것은 같은 모양이 같은 효과를 낸다는 유감 주술로 사내아이의 두 고환(睾丸)을 상징한 것 같다.

유감 주술적인 부착물로 짚단을 부착하기도 한다. 전라도 옥구 지방에서 채집된 사내아이 금줄은 짚단은 상단(上端)이 둥글고 가운데는 원통형이며 하단은 지푸라기를 갈래갈래 드리워놓고 있었다. 부여 지방에서 채집된 계집아이 금줄의 짚단은 가운데가 오목하게 둥글고 상단과 하단을 지푸라기로 갈래갈래 드리웠다. 한눈에 보아 그것은 남녀 성기라는 것을 알 수 있다.

충청도 천안 · 공주 지방에서는 머슴 같은 고용인 등 천인이 아이를 낳으면 금줄을 치지 않고 문설주에 성기 모양을 본떠서 만든 짚단을 걸어놓았다. 천민은 금줄이 갖는 신성 척사에서도 소외당했던 것이며, 그저 아들이냐 딸이냐만 표시하는 고지 효과만을 노릴 수밖에 없었던 것이다.

경상도 창녕·진해·양산·밀양·사천 지방에서는 금줄에 주머니칼이나 나무칼을 꽂고, 경상도 해안 지방에서는 백지 조각을 부착하는데 이는 문무(文武)의 염원을 표현한 것 같다. 이 금줄의 부착물은 태어난 아이의 성별에 따라 차이가 있으나 딸만 낳고 아들이 없는 집에서는 아들을 낳고 싶은 염원에서 딸을 낳았음에도 불구하고 아들을 낳았을 때 치는 금줄을 치는 일도 있었다.

고추 절도 소송

경기도 지방에서는 아들을 낳고 싶은 집에서 금줄에 꽂힌 붉은 고추를 훔쳐다가 부인에게 달여 먹이는 고추 절도가 근래까지 성행했었다. 이 고추를 먹으면 사내아이를 낳을 수 있다는 공감 주술 때문이었다.

반면에 이 고추를 도둑맞으면 사내아이의 장래에 불상(不祥)이 닥치거나 그 가문에서 사내아이를 낳게 해주는 산신(産神)이 옮겨가 절손(絶孫)된다고 생각했다. 그러기에 금줄의 고추 절도는 천금(千金)의 금전 절도보다 크게 여겼으며, 일제시대의 신문에 고추 절도를 고발한 소송 사건이 이따금 보도된 바 있었다.

이 금줄은 문기둥의 양쪽에 고착시키는 것이 상례이나, 경상도 지방에서는 생대나무를 꺾어 문기둥에 세우고 그 대나무에 금줄을 묶어 놓기도 했다. 또한 서울 부근에서는 금줄을 치기 위해 문기둥에 못을 박으면 갓난아이에게 눈병이 생긴다고 믿어 못을 박는 일을 기피하는 풍습도 있었다.

금줄에 대한 불문율도 있다. 가족 이외의 불결하고 부정한 사람이 출입해서는 안 되는 통행 제한 표시이기도 한 것이다. 상사를 당한 사람, 또 상사 집에 갔거나 상여를 본 사람, 가축이나 동물을 죽였거나 그 죽음을 목격한 사람, 병 걸린 사람, 불구자, 거지, 그리고 백정 등 부정한 사람이 출입해서는 안 되었다. 만약 이들이 출입하면 산신(産神)이 노하여 아이가 죽거나 앓고 또 산부의 젖이 나지 않는 것으로 알았다. 그래서 같은 가족일지라도 우연히 상여를 보았거나 하면 일부러 집에 들어가지 않고 친구집에 가서 이레 동안 기식(寄食)하기도 하였다. 이 금줄을 훔쳐 방 안에 걸어 놓거나, 이 금줄로 불을 때어 밥을 지어 먹으면 아이 못 낳는 아낙네들도 아이를 밴다고 생각해 고추 절도처럼 금줄 절도도 심했던 것 같다.

경기도 양평 지방에서는 금줄 절도를 막기 위해 아이를 낳아도 금줄을 치지 않는 풍조가 일었으며, 이 절도 때문에 금줄 민속이 소멸된 것으로 볼 수 있다. 이와 같은 악풍(惡風)말고 다산(多産)의 가문에서는 자기네 금줄을 다 쓴 다음 아이를 못 낳는 집에 빌려 주어 안방에 걸어 놓게 하는 선풍(善風)이 채집되고도 있다.

이 금줄을 거두는 기간은 대개 이레이긴 하나, 경우나 신분에 따라 사흘 내지 스무하루 만에 거두기도 한다. 그러나 부귀한 집의 귀손일 경우는 35일 혹은 49일 동안 쳐 놓았다. 또한 남녀에 따라 기간에 차별을 두기도 했다. 사내아이면 세 이레(21일) 동안을, 계집아이면 한 이레(7일) 동안만 쳤다가 거두었는데, 만약 오랫동안 기다렸던 사내아이를 낳으면 더 연장하여 네 이레(28일), 다섯 이레(35일)까지 쳤다.

이로써 금줄을 오래 칠수록 아이 보호를 정중하게 한다는 뜻이 된다는 것과 이 금줄 치는 기간의 단위가 이레(7일 간)임을 알 수 있다. 이같이 해서 거둔 금줄은 아이의 백일날까지 정중히 보관했다가 이날 태워서 깨끗한 곳에 그 재를 묻음으로써 끝이 났다.

전사적 신문(前史的新聞)

은어서 습속

제 51대 진성여왕 때 왕의 악정(惡政)을 비방하는 다라니은어서(陁羅尼隱語書)가 길가에 널려 있었고, 은어서는 온 나라의 민심을 사로잡았다. 이 은어서는 신문전사적(新聞前史的)인 신문 구실을 충분히 했음을 알 수 있다.

진성여왕은 그의 권력을 정사(政事)보다 본능적 욕구 충족에 우선시켰다. 여왕은 경주에 있는 각간(角干) 벼슬의 위홍(魏弘)의 집에 자주 미행(微行)하여 사통(私通)을 자행했다.

위홍은 왕의 유모인 부호(鳧好) 부인의 남편이었다. 부호 부인은 이를 미끼로 전권(專權)을 휘둘렀으므로 나라 꼴은 말이 아니었다. 여왕 2년에 정부 위홍이 죽자 여왕은 건장한 미소년

세 명을 번갈아 끌어들이며 음행을 자행하였고, 이 소년 정부들을 국정의 요직에 기용했기 때문에 혼란한 와중에 은어서 사건이 일어났던 것이다. 은어서에는 다라니경의 문구 투로 다음과 같은 것이 쓰여 있었다.

'나무망국 찰니나제 판니판니소판니 간간삼아간 부이사파사(南無亡國 刹尼那帝 判尼判尼蘇判尼 干干三阿干 鳧伊娑婆詞).'

《삼국유사》의 풀이에 의하면, 나라를 망치는 자는 여왕[刹尼那帝]과 두 명의 소판(蘇判)과 세 명의 아간(阿干), 그리고 부호부인이라는 뜻이다.

두 명의 소판은 왕의 정부인 위홍과 잡간(匝干)의 두 총신(寵臣)을, 아간은 세 명의 미소년을 뜻한 것 같다. 이 은어서가 종이였는지 돌이었는지 아니면 기왓장이었는지는 알 수 없으나, 일단 길바닥에 던져져 많은 사람들이 보게 한 것이라면 종이는 아니었던 것 같다.

이 악정 규탄의 언론 행위에 여왕은 화가 났다. 그리하여 당시 소문난 은자로서 악정에 저항적이었던 대야주(大耶州)의 거인이 한 소행으로 속단하고 그를 잡아 가두게 했다. 한국사상 최초의 필화(筆禍) 사건이 일어난 것이다. 분하고 억울했던 거인은 옥의 벽에 다음과 같은 벽서를 썼다.

우공(于公)이 통곡하여 3년이 가물고
추연(鄒衍)이 슬픔 머금어 5월에 서리가 내렸다.

지금 나 갇혀 예처럼 될까 근심하는데
황천은 말이 없고 푸르기만 하구나.

이날 밤 먹구름이 일고 뇌성이 진동하자 여왕은 이 은자를 방면했다.

신라의 토속적 매스 커뮤니케이션인 이 은어서 습속은 금지당한 풍속으로 서민 틈에 면면히 흘러 내려왔다.

개화기 때 흔히 있었던 글돌〔書石〕습속을 개화기 때 창안된 과거가 없는 습속으로 볼 수는 없기 때문이다. 억울한 일이 있을 때, 비밀을 폭로하고자 할 때, 그 내용이 여러 사람에게 공감을 줄 수 있는 것일 때 우리 선조들은 널편한 돌에 그 사연을 쓰거나 새겨 사람이 많이 다니는 길 복판에 던져두었다. 그러면 행인들은 그것을 들어서 보고는 제자리에 덮어둬야 했다.

만약 이 글돌을 버리거나 파손하거나 두었던 자리에 두지 않으면 액이 붙는다고 생각해 금기시하였다. 아무도 그 글돌을 제거하여 귀신 붙을 짓을 하고 싶지 않았으므로 이 글돌은 오랫동안 그 자리에 남아 신문 구실을 할 수 있었다. 정치 비평의 신문 기능까지 하였던 글돌은 러시아 세력의 남하, 일본의 침략이 노골화했을 때 척로 배일(斥露排日)의 내용으로 전국 각지에 자주 던져졌었다.

동학 농민 운동 봉기의 서민적 공감, 백인들이 아이들을 잡아먹는다는 보수적 공감, 그리고 왕세자를 일본놈이 업어 갔다는 민족적 공감이 이 글돌에 의해 촉발되어 전국에 파급됐다고도 한다.

일제 시대에는 이 글돌 풍조가 어린이 놀이로 전락하여 돌 뒤에다 선생이나 급우들의 약점을 써서 운동장에 던져놓곤 하였다. 이 글돌을 버리면 액신이 붙는다는 주력에 대한 한국인의 믿음이 확고한 이상 아무리 관권이 개입하더라도 이 글돌 습속은 없앨 수 없었을 것이다.

피로 쓴 신문

대비가 섭정하던 명종 2년 9월, 경기도 광주군 언천면 양재역 벽에 붉은 글씨로 다음과 같은 글이 붙어 있었다.

'여자 임금이 위에서 정권을 잡고 간신 이기(李芑) 등은 아래에서 정권을 농락하고 있으니 나라가 망할 것을 서서 기다리는 격이다. 어찌 한심하지 않으리오.'

이 벽서는 부제학 정언각(鄭彦慤)의 딸이 남편을 따라 전라도로 가는 길에 양재역에 들렀다가 발견하고 국사에 관한 것이라 하여 뜯어내 아버지에게 주었고, 정언각은 이를 들고 궁중에 들어가 대비에게 바쳤다. 명종의 어머니요, 소윤(小尹)파의 두목 윤원형(尹元衡)의 누이인 대비 문정왕후는 이 벽서를 대윤(大尹)파의 수작으로 단정하고 이를 계기로 대윤파 중신들을 무참하게 학살·유배하는 대박해를 시작했다. 당시 민심은 대윤파에 쏠려 있었고, 소윤파는 세도에 아부한 소인배들로 소문나 있었으므로 민원의 공감에서 이 같은 벽서가 나붙었던 것으로 보인다.

이 익명의 무책임한 벽서가 어찌나 자주 나붙었던지 정조 때 우의정 오시수(吳始壽)는, "익명으로 글을 지어 길가에 걸거나 관문에 붙이거나 도처에 뿌리길 숱하게 한다니 놀라움을 금할 길 없다."하고, 그 벽서를 보고도 태우지 않거나 그 안에 쓰인 말을 함부로 전하거나 하면 장(杖) 80의 형을 가한다 하였고, 그 벽서를 붙인 자를 잡으면 은 십 냥을 준다고 했다.

이 벽서 풍습은 신라 시대 때의 이름을 되찾아 은닉서(隱匿書) 또는 은닉벽서(隱匿壁書)라는 이름으로 개화기 때 무척 성행했었다.

그 한 일례로 1896년 8월 21일 법부(法部) 대문 앞에 나붙은 은닉서를 들 수 있다. 그 내용은, 삭녕(朔寧) 군수 이정석이 이방(吏房)을 불러 관내의 빈부를 샅샅이 묻고는 그 후부터 송사가 있을 때마다 부자를 이기게 하여 뇌물을 받았고, 석교장 장세(場稅)로서 매 장마다 여덟 냥씩 받아 먹으며 과부를 겁탈했다는 비행을 고발한 것이다.

또 선조의 무덤 싸움에 패배한 한 상주(尙州) 양반이 싸움 도중 승소자가 자기 선조의 유해를 건드려 좀 바스러졌다 하여 상경해서 혈서로 벽서를 써 문 안에 크게 붙인 일도 있었다. 이 과

격한 혈벽서(血壁書)가 무척 잦았던 모양으로 '잡혈(雜血)로 혈서를 위장한 예가 많으니 이를 다스린다.'는 법령이 내려져, 혈벽서의 피가 사람 피인가 짐승 피인가를 확인하고 다니는 넌센스까지 빚었다.

보디 페인팅

내세에의 여권

● ● ●

 우리나라의 입묵 문신(入墨文身)에 대한 최초의 기록은 중국 문헌인《위지》〈진한전(辰韓傳)〉에서 볼 수 있다.
 '남녀가 왜(倭)에 가깝고 또 문신(文身)을 한다.'
 역시 같은《위지》〈마한전(馬韓傳)〉에도, '사내들은 이따금 문신을 한다.' 하였다. 이 상고(上古)시대의 문신 풍속은 지역적인 점으로 미루어 북방 계열이 아닌 남방 계열의 습속임을 알 수 있다.《위지》에서는 남방 습속인 문신을 어부들이 고기를 잡는 데 큰 어류의 해침을 피하기 위한 주술적 습속으로 기록하고 있다.
 한국의 문신 목적에 관해 기술한 문헌은 없으나 고대인들의 문신은, 첫째 악마나 병마가 침입하지 못하게 하고 이미 들어 있는 마귀를 문신으로 내쫓을 수 있다고 믿었다.

이 같은 목적 문신으로 우리나라에 변형된 습속은, 아이를 낳을 때마다 난산(難産)하는 여인은 발바닥에 하늘 천(天)자를 입묵시키면 안산(安産)한다는 평북 지방의 풍속, 그리고 치질에는 그 국부에 부친의 이름을 거꾸로 써서 입묵시키면 낫는다는 전북 지방의 풍속, 전염병이 번지면 이마에 홍점(紅點)의 자점(刺點)을 찍는 강원도 지방의 풍습이 그런 것들이다. 이 밖에 환부(患部)나 이마, 팔, 발바닥 등에 주부(呪符)를 묵서(墨書)·주서(朱書)하는 풍습도 입묵 풍습이 간소화된 것으로 생각할 수 있다. 이상의 기습(奇習)으로 미루어 장기 만성병에는 입묵으로 주부(呪符)를 삼고 단기에 낳을 병에는 묵서(墨書)로 간소화하고 있음을 알 수 있다.

둘째, 성인이 되었을 때는 성인식의 비적(秘蹟)으로 입묵을 했다. 버마·라오스·중국 남부 그리고 일본에서도 결혼 전에 결혼할 수 있는 증거로서 입묵하는 실례가 많이 채집되고 있다. 즉 입묵은 묘령(妙齡)의 표시다. 이 같은 목적의 문신은 앞서 열거한 애정 입묵과 관련이 있다.

셋째, 불임(不妊)을 낫게 하는 주술로서 입묵을 했다. 외국의 입묵 실례로 미루어 보면 농경 문화의 다산 주술 수단으로 문신을 하였으며, 따라서 다산을 비는 주력으로도 이용되었다.

넷째, 동남아 제민족의 공통된 문신 목적 중 하나는 문신을 내세에의 패스포드로 여겼다는 점이다. 입묵은 내세에 있어 식물과 교환할 수 있는 화폐이며 또 신원 확인의 증명서로 생각하였다.

이것은 옛 무덤에서 발굴되는 목인형(木人形)·토인형(土人形)의 얼굴이나 지체(肢體)에 표시된 입묵선(入墨線)과 관련있는 것 같다. 또 읍지(邑誌)나《조선명륜록》을 보면 왜란이나 호란 때 전장에 나가는 남편의 등에 울면서 입묵을 하는 아내의 실례가 많이 기록되어 있는데 이것은 두 가지 뜻으로 풀이된다.

첫째는 사지(死地)에 가는 사람에게 내세에의 입장(入場)을 표시하는 주술적인 뜻이고, 둘째는 전장에서 떼지어 죽었을 때 그 시체를 찾는 데 편리하다는 실리적인 이유에서이다. 죽으러 가는 사람에게 베푸는 입묵 풍습의 목적을 어떤 것이라고 단정할 수는 없으나 입묵에 대한 세계 공통의 사고가 내세에의 패스포드로 여긴다는 점으로 미루어 주술적인 전통에 실질적인 효과가 곁들여 그 같은, 즉 울면서 남편의 등을 바늘로 쪼아대는 비정의 기속을 있게 한 것이 아닌가 싶다.

형벌 문신

이상의 주술적이고 자율적인 문신이 형벌로서 이용된 자자(刺字) 습속이 제도 속에서 타율적으로 형성되기도 하였다. 주로 절도범에게 문신형을 가하여 죽을 때까지 절도범이라는 표시를 몸에 새겨넣었다. 초범은 오른팔에 '盜'라는 글씨를, 재범은 왼팔에 그 두 자를 자자하였다.

자자도 훔친 수법과 장물의 종류에 따라 달랐다. 관고(官庫)의 관물이나 관전을 훔쳤으면 '도관전(盜官錢)', 백주(白晝)의 재물 날치기에는 '창탈(搶奪)', 소나 말 도살자에게는 '재우마(宰牛馬)', 강도에게는 '강도(强盜)', 장물아비에게는 '와주(窩主)'라 자자하였다.

예종조(睿宗朝)인 1468년에 들어 절도범의 팔에 자자하는 것은 옷소매에 가려 보이지 않으므로 자자형의 효과가 나지 않는다 하여 얼굴에 자자하도록 하는 경면형(黥面刑)을 시행했다. 하지만 실록에 의하면 이미 세종 26년에 뺨에 자자한 실례가 있고, 단종 2년에도 소·말의 도둑에게 주종범(主從犯)을 가림없이 경면(黥面)했다는 기록이 있다.

이 자자 방법은 글씨의 각방(各方)이 1·2촌(寸), 매획의 너비가 5리, 그리고 위로 주(肘, 팔꿈치) 이상 아래로 완(腕·팔목) 이하를 못 넘게 하였다. 자획의 폭, 즉 6리 폭으로 자침(刺針) 10개 내외를 포개어 살에 피가 나도록 자근자근 찌른 다음 먹을 집어 넣고 베를 대어 묶어 두었다. 이같이 자자한 다음 바로 석방하면 세거연묵(洗去吮墨)하여 자자가 되지 않을 수 있기에 세종 26년부터는 사흘 동안 옥중에 가두어 그것을 씻지 못하도록 조치하였다.

이 경자(黥字)의 혹형을 세종이 15세 미만 70세 이상의 노유(老幼)에게는 적용하지 않도록 했던 것을 필두로 하여 인간적인 개혁이 여러 번 시도되어 오다가 조선 역사상 가장 인간적인 임금 영조가 이 혹형(酷刑)을 폐지함으로써 제도로서의 자자는 사라졌다.

한데 일부 악독한 양반이나 지주들은 그들의 종이나 사노(私奴)들에게 문신의 사형(私刑)을 가하였고, 특히 도망갔다 잡힌 종이나 비(婢)는 으레 문신형으로 일생을 폐인화하는 풍습이 있었다.

한말 고종(高宗) 말기에 일본의 정치 간섭으로 대폭적인 궁녀 추방이 있었다. 그러나 추방하고 난 다음 허전함을 금치 못했던 고종이 다시 소환명을 내렸는데 이 어명에 응하지 않고 피해 살았던 궁녀들은 색출되는 대로 '逆'자의 자자형을 받았다는 사실을 당시 궁실의 약방 기생이었던 노기(老妓) 설도 할머니의 회고담으로 알게 되었다. 형벌로서의 문신 여파는 이같이 습관화되어 내려왔던 것이다.

하트 앤드 애로

● ● ●

예전에 미군 감축에 따른 기지촌 철수와 더불어 서울을 비롯한 기지촌 인근의 성형외과나 피부과 병원에 이전에 없던 색다른 환자가 드나들어 업계의 화제가 된 적이 있었다.

그건 사랑의 열병 때문에 난 애흔(愛痕) 수술이었다. 문신으로 생긴 양공주들의 애흔 수술인 것이다. 미군 병사들은 양공주를 사랑할 때 양공주에게 어떤 구체적인 사랑의 표시를 남기고 싶어했다. 양공주들 역시 뜨내기 병사들에게 영원히 사랑한다는 증거로써 어떤 구체적인 증거를 표현해 주길 바랐다.

이것이 살을 쪼아 그곳에 입묵하는 문신으로 나타났던 것이다. 그들의 입묵 부분은 주로 팔뚝이지만 보다 깊은 사랑의 증거를 보이고 싶을 땐 왼쪽 젖가슴 횡격막 아래 부분이나 사타구니에 문신을 하기도 한다. 문양도 다양하나 '하트 앤드 애로'의 심장을 뚫은 화살 표시가 가장 많다.

기지촌의 사랑은 이같이 원시적인 의식처럼 애인들의 몸에서 자학의 피를 내고 그 핏구멍에 먹을 넣어 영원화하는 시련으로 무르익었던 것이다.

한데 그들의 사랑은 대개 영원할 수가 없다. 그리고 그 문신의 애흔을 안고 살아갈 만한 정신적·물질적 여력도 없다. 같은 미군 병사에게 전전할 경우면 문신을 지우지 않아도 되지만 새 연인은 묵은 연인에게 질투하는 법이 없기에 '더블', '트리플'로 '하트 앤드 애로'가 겹쳐가게 되었다. 하지만 기지촌이 철수하게 되자 새 삶을 찾지 않으면 안 될 이들이 애흔 수술을 위해 피부과나 성형외과에 모여드는 것은 가히 이해할 만하다.

연만한 시니어 양공주들이 신입의 주니어 양공주들에게 세 가지 계명을 지키도록 타이르는 것이 그들 선후배 사회의 한 의리라는데, 그 중 하나가 문신으로 애흔을 만들지 말라는 것이라고 한다. 문신 때문에 몰래 울어야 했던 그들 체험이 양공주 삼강(洋公主三綱)으로 나타났을 것이다.

이 같은 애정 문신은 미군이 들어와서 처음 퍼뜨린 기속은 아니었다.

성종(成宗) 때 유명한 음풍(淫風) 사건의 주인공이던 어을우동(於乙宇同)에 대한 실록 기사를 보면, 어을우동이 간통한 수십 명의 간부 가운데 그가 보다 많이 사랑했던 남자의 이름 5, 6개가 팔에 입묵되어 문신으로 남아 있다 한다. 물론 남자의 팔에도 어을우동의 이름이 문신되어 있고 이것을 연비(聯臂)라 하였는데, 이 연비란 말이 중국 고전에서는 발견할 수 없는 것은 대륙에서 옮아온 풍습이 아니라 한국 고유의 애정 맹세 습속이기 때문이다. 그 연비의 기속을 밝혀주는 전형적인 한 실례를 《기문총화(紀聞叢話)》에서 옮겨 본다.

'전라도 장성(長城) 고을에 호아(芦兒)라는 기명(妓名)의 명기가 있어 그 재예(才藝)에 홀딱 반한 원이 공금을 남용하였다. 노(盧) 모라는 어사가 이 사실을 알고 출두하여 원을 장살(杖殺)한다는 소문이 파다하자 원은 걱정으로 식음을 전폐하기에 이르렀다. 기지가 있었던 호아는 원과 더불어 일계(一計)를 꾸몄다.

호아는 그의 어린 조카딸을 노 어사가 쉴 만한 주막에 있게 했다. 마침 변장 어사가 그 주막에서 쉬게 되자 호아는 소복단장하고 물동이를 인 채 그 앞을 왔다갔다하며 유혹했다. 객수(客愁)에다 미모의 여인을 보자 정욕이 치솟은 어사는 웬 여자냐고 주막의 조카딸에게 넌지시 물으니, 언니인데 남편 잃고 3년 수절중이라고 대답하였다. 어사는 이 소녀를 앞세우고 호아를 찾아가 도색 짙은 밤을 새웠다. 어사가 떠나려 하자 호아는 하룻밤 사랑일지라도 귀인의 사랑이니 평생 수절하겠다면서 연비 문신으로 사랑의 맹의를 나누자 하였고 어사도 이에 응했다. 이 어사 출두는 호아가 팔뚝을 걷어내어 보인 문신의 이름 때문에 망신 출두가 되고 말았다.'

《기문총화》의 기록은 당대에 전승된 이야기를 수록한 것으로 그 사실에 대한 신빙성은 적으나 최소한도 청루가(靑樓街)에 풍습이 있었다는 것만은 인지할 수 있다.

구한말 때 한강 밖 노량나루에 살았던 대석이라는 노처녀가 문안으로 시집 왔는데 첫날 혼방 때부터 옷저고리 벗는 것을 완강히 거부했다. 미심쩍게 생각한 남편이 어느 날 밤 곤히 잠든 대석이의 저고리를 벗기고 촛불을 가까이 가져갔다. 베오라기로 야물게 매어놓은 팔뚝을 풀어 보았더니 그곳에는 연비 입묵된 한 사나이의 이름이 적혀 있었던 것이다.

이것이 들통나 대석이는 시집의 문중형(門中刑)으로 손가락과 발가락 틈에 마른 솜과 쑥이 끼인 채 묶여 불지짐을 당했다. 손발이 화상으로 헐어 걷지도 못하자 사노(私奴)가 이 애혼을 지닌 신부를 업어다가 노량나루 대안에 버렸다.

다른 남자와 사랑을 맹세하는 입묵까지 하고 감히 시집 온 죄, 천인(賤人)들이 하는 연비 문신으로 시가의 가문을 더럽힌 죄의 대가였다.

《한암소화(寒岩琑話)》에 보면, '처녀가 시집 가려 하는데 이웃집 총각이 자기와 먼저 간통했다고 말하면 처녀는 총각을 원망하며 도망가고 시집 어른들은 반드시 음행했다고 주장해 송사가 자주 일어난다.' 하였다. 이런 소송을 '감당송(甘棠訟)'이라 하여 간통 증거의 유무를 실증하는데, 사당 안이나 으슥한 나무 아래에서 팔뚝을 걷어보는 것이 예대로의 법도였다. 악독한 원들은 여종을 시켜 간음 혐의의 여인들 속옷을 들추게 하여 검은 멍점과 음모를 조사해 보는 일이 있으니 그것은 비례한 것이라고 정다산(丁茶山)이 《목민심서》에 기록하고 있다.

이 애정 소송에서 연비 문신을 보는 것이라든지 파란 멍점을 찾아본다는 것은 혼전 애정의 사랑의 맹세 풍습으로 연비 문신이 얼마만큼 보편화되어 있었는가를 알 수 있다.

이 같은 연비에 의한 결의 맹세 습속은 개화기 예배당에서 성행했던 의형제·의남매·의자매의 결연에도 이용되었으며, 일제시대의 여학생 사이에서도 이 문신에 의한 의자매·의남매 결의가 성행했다.

이 같은 한국의 애정 문신 기습은 이미 그 이전에 있었던 계약 문신에서 비롯된 것 같다.

'우리 동방 여염의 탕자(蕩子)들은 결의를 할 때 바늘로 서로의 팔뚝을 찔러 먹칠을 하고 점색(點色)을 이룬다. 그 푸르기가 멍과 같아 이름하여 연비(聯臂)라 하였다. 이로써 평생 불망(不忘)의 의로 삼는다. 하지만 이 모두 악습인 것이다.'

《오주연문장전산고(五洲衍文長箋散稿)》의 문신답청변증설(文身剳靑辨證說)이다.

우리 선조들은 어떤 약속이나 계약을 할 때 신용성을 보장하는 주술적인 수단을 빌었다. 애정 약속일 경우 거울을 쪼개어 갖는다든지, 무용(武勇) 약속일 경우 단검(短劍)을 꺾어 갖는다든지, 충의(忠義) 약속일 경우 사연을 새긴 돌을 주산정(主山頂)에 묻는다든지 다양한 계약 주술이 있었다. 그런 주술적 수단 가운데 하나로 이 입묵 맹의(入墨盟義)를 풀이할 수 있다.

솥바닥을 긁는다

여느 일반 사회에서의 문신 도구는 주로 바늘이었지만 짐승의 뼈로 만든 골침(骨針)도 자구(刺具)로 이용되었다. 물감은 주로 목공(木工)이 쓰는 먹줄통의 먹이나 솥바닥의 검정이에 사람의 젖을 짓이겨 썼다. 사람의 젖을 짓이겨 쓰는 이유는 문신 습속이 앞서 지적한 농경 문화 다산 번식의 주술 수단인 점에서 다산의 주력을 지닌 젖으로 짓이김으로써 그 힘이 배가되리라 믿었기 때문일 것이다.

마지막으로 '외 곰배 할개 눈에 째보년도 솥바닥 긁을 줄 안다.'라는 남도 속담을 풀이해 보자. 솥바닥 긁는다는 것은 솥검정이를 채집하는 것이요, 솥검정이는 문신의 물감에 이용하고자 함이다.

문신은 아프지만 절절한 사랑을 확인하는 사랑의 표시이다. 그러므로 이 속담의 의미는 추녀(醜女)도 사랑할 줄 안다는 뜻으로 해석할 수 있다. 즉 '솥바닥 긁는다'라는 말은 '사랑한다'는 은어인 것이다.

이는 남자의 정조

무당 임금

삼한(三韓)은 각 부족이 연맹하여 진왕(辰王)을 세웠다 했고, 고구려도 다섯 부족, 백제도 다섯 부족, 신라는 육촌(六村)이 연맹하여 임금을 받들거나 내세움으로써 부족으로 분산된 힘을 모아 나라라는 큰 힘으로 뭉쳐 나갔다. 이 부족 연맹의 우두머리를 뽑는 데 여러 가지 기준이 필요했을 것이다. 그러나 문명 사회에서처럼 덕망이 높다든지 지도력이 있다든지 지략이 뛰어난 사람을 선거로 뽑는다는 법은 그 초기의 세상에서는 있을 수 없거나 있다 해도 미미하게 작용했을 것이다.

왕의 조건은 정상적인 사람과 다른 이상인(異常人)이어야 했다. 마음이나 몸의 이상을 이 세상의 절대적 지배자인 천제(天

帝)나 신인(神人)과 연관지을 수 있는 반신인(半神人)의 생김새요, 반신인의 마음으로 믿었을 때 왕으로 우러러보았다.

세습되지 않던 시절의 부족의 왕은 정치나 군사의 권력 없이 다만 제천(祭天)하는 신주였을 것이고, 그 신주가 신의 힘과 권력을 작용시켜 제정(祭政)으로 발달한 후 권력의 비중이 커지면서 세습제가 생겼을 것이다. 신라 시조 박혁거세는 제정에서 세습으로 바꾼 혁명가였다.

박혁거세의 아들 남해 차차웅(南解次次雄)을 세습의 다음 임금으로 삼기 위한 아무런 기록도 발견되지 않고 있으며, 또 남해 차차웅이 왕위에 오른 지 서너 달 만인 원년 7월에 낙랑 병사가 신라땅에 쳐들어와 금성(金城)을 여러 겹 둘러싸고 있을 때 남해 차차웅이, '국인이 나를 잘못 추대하여 왕위에 올려 놓았다.'고 한탄한 대목에서 세습이 아니라 종래 관습에 의한 추대였음을 알 수 있다.

남해 차차웅이 키가 크고 지략이 남달리 뛰어났다는 이상(異相)이 왕의 조건이 되었을 것이다. 또한 부왕이 임금 자리에 있었을 때 신명을 모시는 제정 중 제사의 기능을 맡아 훌륭히 시행함으로써 추대를 받았을 것이다.

차차웅이란 말은 자충(慈充)이라고도 하여 신라 초기에 무당을 뜻하였다. 차차웅이 평소에 신사(神事)를 맡아 제사를 지냈으므로 신이 들렸다고 여겨져 존경과 두려움의 대상이 되었으며, 드디어 존장(尊長)이라 높여 불렀던 것이다. 차차웅이 무당의 보통 명사였음은 신라 때 명인 김대문(金大問)이 적은 것을 《삼국유사》가 인용한 것으로 볼 때 틀림없는 것 같다.

남해 차차웅이 임금이 된 것은 세습이라 하기에 앞서 제정 시대에 신사를 맡은 신주(神主)요, 신과 통하는 이상한 사람이었다는 데 있었다. 이와 같은 이상인의 임금 추대는 남해 차차웅의 아들인 유리 니사금(儒理尼師今)이 왕위에 오를 때 있었던 일들로 더욱 확실해진다.

정부의 이름 빼 모으는 뜻

남해 차차웅이 죽자 태자 유리와 석탈해(昔脫解)라는 덕망 높은 사람이 왕위의 물망에 올랐다. 석탈해는 표류해온 이방인이었다. 표류해왔다는 전설적인 기록을 믿지 않더라도 적어도 육촌(六村) 이주자(移住者)인 것만은 틀림없다. 태자 유리는 석탈해가 왕이 돼줄 것을 바랐다. 이에 석탈해는 신기대보(神器大寶)는 보통 사람이 감당할 수 없는 일이라면서 심신에 비범한 데가 없는, 즉 이상인(異常人)이 아닌 사람이 왕위에 오를 수 없다는 것을 똑바로 말하고 사양했다. 이는 세습제로 옮겨가는 과도기의 진통이었다.

신기(神器)는 신이 내린 신탁의 신물(神物)로 신을 모시는 사제(司祭)인 왕의 표징이다. 즉 반신인(半神人)의 자격증인 것이다. 이 신기대보를 누릴 사람의 기준으로 석탈해는 치아[齒]의 많고 적음을 내세웠다. 그리하여 두 사람은 떡을 씹어 그 잇자국으로 이가 많고 적음을 판단하기로 한 것이다. 유리가 잇자국이 많아 임금으로 추대되었고, 잇자국이란 말의 옛말인 '니사금(尼師今)'이란 존칭을 붙였다 했다.

이가 많아 잇자국을 많이 낸 사람을 임금으로 삼았다는 이 기록으로 볼 때 나이가 많은 쪽을 임금으로 삼은 것으로 풀이할 수 있다. 이는 바로 나이를 뜻하기 때문이다.

노인을 치장(齒長), 나이를 치력(齒曆), 죽는다는 것을 몰치(沒齒)라 하고, 나이 순으로 차례를 정한 것을 치차(齒次)라 했던 것 등으로 미루어 볼때 이가 보다 많다는 것은 바로 나이가 많다는 것을 뜻하였음을 알 수 있다.

유리와 석탈해는 30세 전후로 비슷한 연배였으므로 이 같은 잇자국의 테스트가 필요했을지도 모른다.

이 연장설(年長說)은 석탈해가 남긴 유언 '박씨(朴氏)와 석(昔)씨는 앞으로 연장을 따져 왕위를 물려받도록 하라.'는 기록과, 그 후 김씨가 곁들여 삼 성(三姓)이 치장(齒長), 즉 나이를 따져 니사금을 이었다는 기록이 입증하고 있다. 또 이가 갖는 주술적인 면에서 풀이할 수도 있다.

이는 도구나 무기가 생기기 이전의 순수한 원시인에게는 공격의 무기였다. 눈이 마음의 성벽이면 이는 몸의 성벽으로 활동과 정력의 표현이었다. 즉 도구가 많지 않던 시절에서 이가 강하고 많은 사람은 우월자요 지배자가 될 수 있었던 반면에 이가 하나라도 빠진 사람은 인생의 실패자로 알고 공포를 느꼈다. 정신분석학자들은 동서고금 할 것 없이 이가 빠지는 꿈이 잦은 것은 우리 선조들이 치아에 관한 공포가 너무 컸기 때문이라고 풀이하기도 한다.

미개 사회에서 이로 목걸이를 하거나 장식을 많이 하는 것도 이의 활동적·정력적 주술을 이용한 것이다.

우리 선조들이 이를 남자의 정조로 생각했던 것 또한 이가 갖는 원천적 이미지 때문이었다.

조선시대 때 해어화(解語花, 기생)들의 기방 풍습 가운데 그들의 마음을 사로잡았던 남자들의 이를 빼서 갖는 기풍(妓風)이 있었다. 그 이를 경대 왼쪽 서랍에 넣어 두어야 남자가 변심하지 않는다는 말이 있었으며, 그 이의 수로써 기명(妓名)이 평가되기도 했다.

한말 각 권번(卷番)의 노기들 가운데는 자기를 스쳐간 많은 남자들의 이에 꼬리표처럼 주인공의 이름을 써서 묶어 놓고 젊은 기생들에게 자랑을 하며 옛 생각에 곧잘 우는 기생들이 있었다고 한다.

사나이의 이를 빼는 기풍은 여자가 정조를 바친 것처럼 남자의 정조를 빼앗는 애정의 어떤 단계 표시로서도 이해할 수가 있다.

그러므로 이빨이 많고 강하다는 표준으로 지배자를 선택하는 근거는 충분히 타당성이 있다. '니사금(尼師今)'은 바로 선거의 표준을 이로 대변되는 정력과 활동력에 두어 선출된 임금이란 뜻이 된다.

유리 니사금이 죽었을 때 그에게는 두 명의 왕자가 있었음에도 불구하고 치장(齒長)이 많은 이성(異姓) 석탈해가 왕이 되고 탈해 니사금이 죽자 다시 박씨(朴氏)인 유리왕의 둘째아들 파사(婆娑)가 니사금이 되었다.

유리 니사금의 태자인 일성(逸聖)에게 물리자는 중론이 있었으나, 인물이 아우만 못하다 하여 파사를 내세웠음은 석탈해의 치장제(齒長制)가 지켜 내려지지 않고, 인물 위주의 전통에 세습이 동화되고 있는 형태로 이어져 내렸음을 알 수 있다.

성스러운 돼지

도망친 교시(郊豕) 사건

풀이 자라고 비가 내리고 곡식이 여물고 또 사람이 나고 죽는 것까지도 하늘의 신인 천제의 뜻으로 여겼던 고대의 한국인은 이 천제를 공양하는 의식을 게을리할 수가 없었다. 제사를 통해 죄를 빌고 또 감사하다는 사람의 뜻을 하늘에 알리고 싶었던 것이다. 그런데 하늘은 너무 멀기에 보다 하늘과 가까운 산 위에 단(壇)을 쌓았다. 단 위에 올라도 신이 계시는 하늘은 너무 멀기만 했다. 그러기에 그 뜻을 전해줄 사자로 어떤 신령(神靈)이 있었으면 생각하게 된 것이다.

사람이나 짐승에게는 신령이 깃들어 살아 있는 것으로 믿었던 옛 한국인들은 가장 사람과 가까이 있는 가축의 신령을 하늘로 보내는 사자로 삼는 희한한 생각을 하게 되었다. 신단에 가축을 죽여 그 신령을 해방시켜 하늘로 보내는 희생 풍습이 바로 그것이다.

〈심청전〉이나 일본에 오고 갔던 조선 때 사신 이야기를 들어보면 사람을 신에게 희생하는 풍습이 있었고, 무당들의 풍습에는 소나 돼지, 닭을 희생하는 풍습도 있었음을 알 수 있다. 고대의 유대 민족은 양을 신단에서 죽여 그 영혼으로 하여금 죄를 빌곤 했는데, 어떤 종족이건 간에 자기 나름대로의 희생 풍습을 지니고 있었던 것이다.

고구려 유리왕 19년 8월에 온 나라 안을 뒤집어놓은 큰일이 있었다.

교시(郊豕)라고 불리는 신성한 돼지가 우리를 벗어나 도망을 친 것이다. 임금이 이를 알고 놀라 탁리(託利)와 사비(斯卑)를 시켜 뒤쫓아 잡아 오도록 엄명을 내렸다. 그 돼지를 장옥택(長屋澤)에서 잡은 두 사신은 다시 도망칠까 두려워 이 돼지의 뒷다리 살을 잘라 버렸다. 이 말을 들은 유리왕은 크게 화를 냈다. 하늘을 모시는 제천의 신성한 짐승을 상처 낸 것은 분명히 신의 노여움을 살 만한 일이었기에 이 두 사신을 깊은 굴 속에 던져 죽여 버렸다.

그해 9월 왕이 큰병으로 인해 앓아누웠는데 모두들 이 억울한 두 사신의 귀신이 붙었기 때문이라고 간하여 임금이 이들 무덤에 제사를 지내자 나았다 한다.

교시라는 성스러운 돼지에 대해 고구려 사람들이 얼마만큼 신성하게 여겼고 사람 목숨보다 더 소중히 여겼는지를 알 수 있다.

또 유리왕 21년에도 이 성스러운 돼지가 도망쳐 장생(掌牲)의 관리였던 설지(薛支)가 이를 뒤쫓아 헤맨 끝에 영내의 위나암(慰那巖)에서 국내인이 잡아 기르고 있는 것을 찾아냈다. 설지가 임금에게 이를 말하면서 국내 위나암이란 땅이 산수가 깊고 험한데다가 기름져 오곡이 잘 자라고 산짐승과 물고기가 많아 그곳으로 도읍을 옮기면 백성들이 살기 좋고 병환도 없을 것이라고 말했다.

그해 9월 유리왕이 직접 그 땅에 가 살펴보고 이듬해 10월에 도읍을 옮겨 위나암성을 쌓았다고 한다.

이 새 도읍터를 정한 것은 비단 땅이 비옥하고 생업인 사냥할 짐승이 많다는 이유 이외에도 신성한 돼지가 가르쳐 준 신탁의 땅이라고 믿었던 데에 더 큰 뜻이 있다. 말하자면 고구려 사람들은 돼지는 하늘의 사자요 신의 분신으로 생각하고 있었던 것이다.

주통촌의 아가씨

고구려와 같은 종족인 부여 사람들이 돼지를 즐겨 길렀고, 부여의 북서쪽에 살았던 읍루인과 삼국시대 초기에 이 세 나라들을 무척 괴롭혔던 말갈인들도 돼지 가죽으로 옷을 해입고, 돼지 기름을 몸에 칠해 방한을 했던 것으로 미루어, 돼지는 고구려 사람들의 생활에 가장 밀접한 가축이었음을 알 수 있다.

이 돼지 가운데 신에게 희생할 돼지는 왕의 특명으로 당시 보호를 받으며 제관(祭官)으로 하여금 따로 기르게 했다. 성스럽고 선택받은 이 돼지를 교시(郊豕)라 불렀음은 다음과 같은 연유에서였다.

말뜻대로 하면 마을 밖인 교외(郊外)에서 기르는 돼지란 뜻이다. 그런데 이 교(郊)는 마을 밖이라는 뜻 이외에 제사를 지낸다는 뜻이 있다. 옛날 주(周)나라 때 천자들은 동짓날 남쪽 교외에 나가 하늘에 제사를 지냈고, 하짓날에는 북쪽 교외에 나가 땅에 제사를 지냈으며, 이 제사 전통을 교사(郊祀)라 하여 중국 역대에 전해 내려왔다. 교사란 말 때문에 교(郊)는 교외라는 뜻 이외에 하늘이나 땅에 제사 지낸다는 엉뚱한 뜻을 갖게 된 것이다. 그런 면에서 볼 때, 교시는 제천(祭天)의 돼지라는 뜻으로 풀이된다. 고구려 때 이 성스러운 돼지가 곧잘 도망치곤 하여 이따금씩 큰 말썽을 빚곤 했다. 요동 땅을 회복한 명군(名君)인 동천왕(東天王)도 이 도망친 성스러운 돼지가 인연이 되어 태어났다.

산상왕(山上王) 12년 겨울의 일이다. 교시가 또 도망을 쳤다. 돼지지기인 관원들이 멀리 주통촌(酒桶村)까지 뒤쫓아가서야 돼지를 발견할 수가 있었다. 그런데 돼지가 무척 날쌔 잡으려 하면 뒹굴어버려 잡을 수가 없었다. 그런데 신기하게도 이 사나운 돼지를 갓 스무 살 남짓해 보이는 젊은 아가씨가 웃으면서 쉽게 잡는 것이었다.

이들이 돼지를 잡은 경과를 임금에게 소상히 말하자 임금은 이 주통촌녀(酒桶村女)를 보고 싶어했다. 산상왕은 밤에 몰래 주통촌에 찾아가 시종을 그녀의 집에 보내어 온 뜻을 알렸다. 그 집에서는 임금이 온 것을 알고 감히 거절하지 못하여 방안으로 모셨다. 주통촌녀와 교합을 하려고 하자 그녀는 다음과 같이 말했다.

"대왕의 명이라 감히 피하진 못하겠으나 만약 아이가 생기면 버리지 말아 주십시오."

왕은 그러마 하고 밤을 함께 보낸 후 아침 이슬이 걷히기 전에 궁으로 돌아왔다. 이 일이 있은 지 다섯 달이 지난 이듬해 3월, 왕이 주통촌에 몰래 갔었다는 사실을 안 왕비가 이 촌녀를 질투하여 몰래 병사를 보내 죽이도록 시켰다. 주통촌녀가 이 말을 탐지해 듣고 남복(男服)으로 가장하여 도망쳤다. 병사들이 뒤쫓아가 잡아서 해치려 하자 이 촌녀는, "나를 죽이려 하는 것이 왕명이냐 아니면 왕비의 명이냐? 지금 내 배 안에는 아이가 있는데 바로 임금의 유체다. 나는 죽어도 상관없지만 왕자는 죽여서는 안 된다."고 말하며 목을 내밀었다. 병사들은 이 말을 듣고 감히 해치지 못하고 돌아와 그 말을 왕후에게 전하자 왕후는 불같이 노했다.

　왕이 이 이야기를 듣고 주통촌녀의 집에 가서 뱃속의 아이가 누구의 아이냐고 물었다. 주통촌녀는 이렇게 대답했다.

　"저는 평생 형제와도 자리를 같이하지 않았는데 감히 어떤 다른 이성(異姓)의 사나이를 가까이했겠습니까? 지금 뱃속에 든 아이는 진실로 대왕의 유체입니다."

　이 말을 들은 왕은 기뻐하며 왕궁에 돌아와 왕후를 타일러 해치지 못하도록 하였다.

　그해 9월에 주통촌녀는 아들을 낳았다. 왕은 무척 기뻐했다. '성스러운 돼지'가 도망친 것은 우연한 일이 아니라 아들을 얻게 하기 위한 하늘의 뜻이라고 여겼다. 그리하여 그 천심을 기리는 뜻에서 아이의 이름을 교시의 교(郊)자를 따 교체(郊彘)라 하고 주통촌녀를 소후(小后)로 삼았다. 산상왕 17년 교체가 다섯 살 때 왕태자가 되었고, 31년에 왕위에 올라 동천왕이 된 것이다.

선농단터

　광풍이 크게 일고 태산 같은 뉘가 하늘을 삼키는 듯하니, 잠자던 용이 놀라 울고 성난 고래가 도망하고 심청을 실은 배는 노도 잃고 키도 빠져 뱃머리가 뱅뱅 돈다.

도(都)사공이 겁을 먹고 새 의복을 갈아입고는 고사(告祀)를 차리는데 동이술 섬[石]밥에 쇠머리 사지(四肢) 감아 큰 칼 꽂아 올려놓고 큰 돼지 잡아 통째로 삶아 기는 듯 받쳐놓고 심청을 목욕시켜 소복을 정히 갈아입힌 다음 상(床)머리에 앉힌 후에 도사공은 큰 북을 둥둥 치며 고사를 드린다.

"삼십삼천, 이십팔수, 오방신장, 사해용왕, 명부십대왕님, 사만팔천제불 다 굽어보옵소서. 인당수 용왕님은 인제수(人祭需)를 받는고로 황주땅 도화동에 15세 심청, 여자 인물이 일색이요, 만신(滿身)에 상처 없고 효행이 출중키로 비싼 값 주고 그 몸 사서 목욕재계 단장시켜 제수로 바치오니 쾌히 받으옵소서."

심청이는 두 손을 합창하고 하느님전 빌고는 뱃머리에 썩 나서서 만경창파를 제방으로 알고 빠지니 바람이 사라지고 물결이 고요해진다.

판소리 사설 속에서나 인신 희생(人身犧牲)이 있을 뿐 실제로는 있을 수 없다고 생각할지 모른다. 하지만 옛 우리 사공들이 난파가 심한 여울목을 지날 때는 인신 희생을 하는 습속이 문헌이나 민속에서 자주 발견되고 있다.

신숙주(申叔舟)가 일본에 사신으로 갔다가 돌아오면서 왜관에 납치되었던 많은 한국인을 송환해왔다. 그런데 현해탄을 건너오는 동안 풍파가 심하여 배가 뒤집히려 하자 사공들이 "이 뱃속에 아이 밴 여자가 있어 부정을 타 용왕이 화를 내는 것이니 그 여자를 용왕께 희생해야 한다."고 우겨댔지만 신숙주가 설득하여 인신 희생을 금지시켰던 이야기는 유명하다.

또 울릉도 황토구미에 있는 신당에는 풍파를 가라앉히기 위해 희생당한 소녀의 넋을 모시고 있다.

《구약성서》에서 신의 계시를 받은 아브라함은 귀한 외아들 이삭을 희생코자 신단(神壇)에 올려놓는다.

트로이 전쟁에 출정하는 그리스 함대의 사령관 아가멤논은 역풍을 가라앉히기 위해 성난 아르테미스신에게 자신의 귀여운 딸 이프게네이아를 희생한다.

지금도 이스라엘의 여인들은 1년에 사흘 동안 에프타의 딸을 위해 통곡하는 제전(祭典)을 베풀고 있는데 고대 이스라엘의 영웅인 에프타는 그의 귀여운 외동딸을 신에게 희생시킴으로써 민족의 지도자가 되었다.

수년 전 중앙아시아를 횡단하면서 아프가니스탄의 오지 유목민인 쿠치족의 번제단(燔祭壇)을 본 일이 있다. 쿠치족은 1년에 한 번 이곳에 월경(月經) 이전의 소녀를 분살(焚殺)하는 희생의 제전을 올린다고 한다.

이 희생용 소녀를 제공한 아버지가 신과 영매하는 반신 반인(半神半人)이 되어 이 유목집단의 지도자요 사제가 된다. 그러기에 앞다투어 자기 딸을 바치려 한다는 것이다.

원시인의 사고방식은 이 세상 삼라만상의 조화가 신의 의식에 의해 좌우된다고 믿었고, 모든 이변이나 불순은 신의 노여움으로 이해했다.

그러기에 신과 커뮤니케이션을 하는 메신저로서 생령(生靈)을 만들 필요성을 느낀 것이다. 곧 살아 있는 사람들의 절실한 뜻과 그리고 신의(神意)에 거역한 잘못이며, 신에게 공순(恭順)하다는 살아 있는 사람들의 의사를 신에게 전달시키는 매체로서 이 생령을 만드는 과정이 희생이란 풍습을 있게 했던 것이다.

이 전사(前史)적인 사고방식이 진화하여 사람을 죽이지 않고 일정 기간 동안 신에게 여자를 바치는 처녀 공신(處女供身) 습속으로 나타난다.

이를테면 고구려 시조 주몽을 모시는 주몽신사(朱蒙神祠)가 요동성(遼東城)에 있었는데, 이 신에게 예쁘게 화장한 미녀를 바치면 신이 기뻐하여 영험을 부린다는 기록이 《신당서》에 있다. 그리하여 성이 적에게 성이 포위되었을 때 주몽신에게 처녀 공신을 하면 적을 신력(神力)으로 물리쳐 주었다고 한다.

일제시대까지 지속되었던 개성 덕물산(德物山)의 최영 장군 신당에도 처녀 공신하는 습속이 채집되고 있다. 제삿날 밤 몸에 상처가 없는 처녀 한 사람을 목욕 재계시키고 단장하여 신당에 들여놓고 등명(燈明)을 들게 한다.

등명을 든다는 말은 곧 신에게 공신(供身)을 한다는 대동사다.

이같이 일단 등명을 든 처녀는 신과 교매(交媒)했다 하여 금기시한다. 신이 붙었다 하여 그 처녀는 평생을 혼자 살아야만

한다. 곧 살아 있는 시체로 일생을 살아야 하기에 대개가 무당이 될 수밖에 없었다.

예전에 네팔의 수도 카트만두에서 데미 사원에 가둬 놓고 기르는 쿠마리라는 소녀신(少女神)을 배알한 일이 있었다. 쿠마리는 그들 주신(主神)에게 바쳐진 공신 처녀으로, 초조(初潮)가 보일 때 바꾼다.

그녀는 수년 동안 음산한 신당에서 두문불출해야 하며 초조 후에는 '살아 있는 시체'로서 여생을 살아야 했다.

지금 굳이 등명든다는 비인간사를 들춰보는 것은 옛 서울대학교 사범대학 뒷전에 자리잡은 선농단(先農壇)에 근세까지 남아 있었다던 등명 풍습을 해명해보기 위함이다.

경칩날이나 해일(亥日), 또는 날이 가물거나 여름에 날씨가 춥거나 벌레가 일거나, 농작물에 해가 될 날씨의 이변이 있으면 서울 인근의 농민들은 시집 가지 않은 딸을 소복시켜 선농단의 단하(壇下)에서 등명을 들고 밤을 새우게 했다.

이것은 선농단에 좌정한 선농신(先農神)에게 처녀 공신하는 민간 풍습이며, 이 처녀 공신으로 기분이 좋아진 선농신이 농사가 잘되도록 신통력을 부릴 것으로 믿었던 것이다. 선농신인 신농(神農)은 중국서에 맨 처음 인간에게 경작을 가르친 신으로 이미 한(漢)나라 때부터 나라에서 단을 세워 신을 모셨다.

신라에서는 입춘(立春) 후 해일(亥日)에 선농제(先農祭)를, 입하(立夏) 후 해일에 중농제(中農祭)를, 입추(立秋) 후 해일에 후농제(後農祭)를 지냈다 했고, 조선 태종 때까지 후농제를 지냈다는 기록은 있으나 그 이후부터는 선농제만을, 융희 2년(1908) 이 선농단의 신위를 사직단에 합사(合祀)할 때까지 모셔내렸다.

선농제는 종묘 제사와 더불어 이대국제(二大國祭)였기로 임금이 친행(親行)하였고, 이 제사에는 희생이 하이라이트였다.

시대에 따라 다르지만 소와 돼지, 양을 바쳤으며, 여기에 희생하는 짐승은 옛부터 무척 신성시하여 전생서(典牲署)라는 관서를 두어 소중하게 길렀다.

'종묘 제사 때는 돼지 열한 마리를 잡아 네 다리를 굽히고 귀를 세우고 눈을 부릅뜨게 하여 제단(祭壇)의 탁상에 얹어두면 털도 없는 붉은 돼지가 몹시 무섭고 징그러워 제관(祭官)도 차마 고개를 들지 못했다.'라고 조선 왕조 때의 《견첩록(見睫錄)》에 기록돼 있다.

신세 타령을 할 때 '생서(牲署)의 돼지만도 못한 팔자'라고 하는 것은 곧 희생용 돼지를 기르는 전생서의 돼지가 얼마만큼 우대받고 양육되었는가를 입증해 주는 것이다.

선농단의 제사는 이 같은 신성한 짐승의 희생이 그 제사의 핵심을 이루었고, 그 희생이 처녀들의 등명 습속을 있게 했을 것이다.

비단 나라에서 모시는 선농단뿐 아니라 지방에 따라 정월보름 또는 유두(流頭)날이나 복중(伏中)에 신농(神農)씨와 전조(田

祖)를 제사지내는 민간 습속도 일반적이었다.

  이 농신제는 지방에 따라 다르지만 남도 지방에서는 자기 논머리에 세 갈래진 신간(神竿)을 세우고, 그 신간 위에 떡으로 돼지머리나 소머리 형상을 만들어 얹는다. 이것은 희생을 간소화한 것이며 희생만이 신의(神意)와 통한다는 집요한 전통의 반증이라 할 수 있겠다.

성기 숭배를 보여주는 풍수

여근곡의 샘

경주 서교(西郊) 부산(富山) 아래 옥문곡(玉門谷) 또는 여근곡(女根谷)이라고 불리는 골짜기가 있다. 지금도 녹음이 우거진 여름이면 그 골짜기의 굴곡짐이 멀리서 보기에 여근(女根)처럼 보이는데 고대인들은 유감 주술로 그 골짜기에 여근곡이란 이름을 붙였다. 이 여근곡은 유감(類感)으로 정치를 잘했던 신라 선덕여왕(善德女王)의 고사가 깃든 골짜기이기도 하다. 여근곡은 아직도 경주 지방의 명승지로 남아 있다.

선덕여왕 5년 5월의 일이다. 두꺼비떼가 궁의 서쪽에 있는 옥문지(玉門池)에서 유별나게 울어댔다. 이때 한 주감(呪感)이 여왕의 뇌리를 스쳐갔다. 두꺼비의 성난 눈매는 병사(兵士)의 형상을 뜻하고 옥문(玉門)은 여성의 국부를 미화한 말이다. 옥문에 병사가 잠복하고 있다는 영감이 떠올라 좌우의 신하에게 이렇게 말했다.

"경주 서남쪽에 옥문곡(玉門谷, 여근곡)이 있다고 들었는데 그곳에 백제 대군이 잠복해 있을 것이다."

그리고 여왕은 알천(閼川) 장군을 불러 그 옥문곡을 포위하라는 명을 내렸다. 잠복한 백제 군대를 포위한 신라군의 작전을 백제측 기록으로 옮겨 보면 다음과 같다.

'5월 백제의 무왕(武王)은 우소(于召) 장군을 불러 갑사(甲士) 5백 명을 거느리고 신라 독산성(獨山城)을 기습토록 하명하였다. 백제 군사가 옥문곡에 이르러 말안장을 풀고 쉬려 하는데 신라의 알천 장군이 기습을 해왔다. 우소 장군은 큰 바위 위에 올라가 활로 대전을 하였으나 화살이 다 떨어져 잡힌 몸이 되었다.'

고대에 있어 유감 주술은 이 같은 전술이나 전략 같은 구체적인 용도에도 이용되었음을 알 수 있다. 옥문곡에 사는 사람들은 그 후 수천 년 동안 이 유감 주술 때문에 음으로 양으로 원인을 알 수 없는 많은 풍속 피해를 받아 왔다고 한다.

이를테면 옥문곡 마을에 있는 동네 샘을 지겟작대기로 쑤시거나 헤치면 마을 처녀들이 바람난다 하여, 이 동네 사람에게 앙심을 품은 사람이 있거나 또 동네끼리 불화한 일이 있을 때면 샘을 해치려는 외인을 막기 위해 동네 장정들로 하여금 샘을 지키게 하는 일이 자주 있었다고 한다.

또한 양석(陽石)이나 남성 성기 비슷한 돌을 이 샘에 던지면 여근곡 마을 아가씨가 동정 수태(童貞受胎)를 하여 우스갯거리가 된다고도 생각했다. 주술적 유감이 마을 사람들을 수천 년간 정신적으로 노예화해 온 것이다.

왜선창 아가씨의 황혼 금족령

울릉도 모시개〔苧浦〕 앞바다에 토끼바위라는 돌출된 바위가 있다. 토끼 모양으로 생겼기에 붙여진 이름이다. 그런데 토끼바위의 음부 즈음에 커다란 구멍이 뚫려 있다. 큰 파도가 몰아치는 날이면 파두(波頭)가 이 구멍으로 넘나든다. 넘나들기만 하면 모시개의 어머니들은 근심거리가 하나 는다. 그 암혈(岩穴)은 모시개 여인들의 처녀혈(處女穴)이기 때문이다.

그 처녀혈이 물기둥에 의해 욕을 당하는 무넘이〔水踰〕가 있을 때마다 모시개의 한 여인이 화냥기가 생겨 그 화냥년은 마을에서 추방을 당해야 하기에 딸 가진 어머니들은 슬플 수밖에 없었다. 예전에 필자가 이 무넘이 속(俗)을 취재할 당시 서울에서 가수로 이름 날렸던 모(某) 여가수도 무넘이로 이 마을을 뜨게끔 종용받은 희생자라는 말을 들은 적 있다. 그러므로 토끼바위의 처녀혈은 모시개의 악운이었다.

그런데 이곳에 축항 공사를 하는 토목업자가 이 액운을 막아
주었다. 그는 민심을 얻기 위해 토끼바위의 암혈에 콘크리트 축
조를 하여 절반 넘게 무넘이 턱을 높여 놓은 것이다. 그런데 모
시개의 보수주의자들은 콘크리트 땜질로 작아진 처녀혈 때문에
이곳에 태어날 딸들에게 어떤 육체적 결함이 있을 것이라고 굳
게 믿고 있다 한다.

암혈 때문에 슬픈 건 모시개 사람뿐이 아니었다. 울릉도 현포
(玄浦)의 왜선창 가운데도 조그마한 암혈이 뚫려 있다. 이 구멍
때문에 왜선창 처녀들은 황혼에는 엄중한 금족령(禁足令)을 받
았다.

해가 서해에 지면서 연맥(連脈)에 가려진 햇볕이 이 구멍을
뚫고 왜선창 쪽으로 비칠 때 처녀가 이 빛을 몸에 받고 걸으면
화냥기가 난다는 것이다. 태양 잉태의 범주보다 암혈을 뚫는 성
교 유감의 범주에서 이 '황혼 금족령'을 이해하는 편이 옳을 것
같다.

드링크제 기자수(祈子水)

❀ ❀ ❀

《신당서》에 보면, 고구려의 동녘에 대혈(大穴)이 있는데 수혈
(襚穴)이라 부른다 하였고, 10월 상달에 수신(襚神)을 받들어
모시는데 그 신위는 나무로 만든 성기형임을 암시하고 있다.

《송사(宋史)》에도 암혈 숭배를 성기 신주(性器神主)로 한다는 한국 풍속을 기록하고 있다.

일제 때 조선 총독부의 민속 관계 자료를 편찬한 무라야마는 강원도 해금강(海金剛)에 음부를 닮은 암굴이 있는데 그 굴 속을 들여다보니 남자 성기를 닮은 돌을 조선 종이나 흰 베에 잘 싸서 봉납해 놓은 것이 있었다고 했다.

겹겹이 싸인 이 신석(腎石)은 아이를 낳고 싶은 부녀자들의 기자(祈子) 풍속으로 해석할 수 있다.

치악산에도 조그마한 암굴 속에 이 신석이 세워져 있는 것을 자주 발견할 수 있는데, 이처럼 암굴에 신석을 봉납함으로써 얻은 아이의 아버지를 인근 마을에서는 '돌아버지'라고 불렀다. 또한 이 말은 '너의 어머니가 외도해서 낳은 아들'이란 뜻으로 받아들여졌기에 아이들이 놀릴 때도 이 말을 자주 하였다.

제주도 법환리(法還里) 남쪽 호랑이섬에 호랑이굴(虎口)이라 불리는 암혈이 있는데, 이 암굴 때문에 법환리 여자들은 과부가 되는 숙명을 지녔다고 생각하여 수백 년 동안 슬퍼해 왔다. 호랑이는 음성(陰性)인데 구멍까지 나 있으니 그 구멍이 발산하는 강력한 음기가 이 마을의 양기를 죽이고도 등등하여 과부살이 든다는 것이었다. 그리하여 이 강한 음기를 상쇄시키는 쇄신굿이 옛날에는 성대하게 벌어졌으며, 다분히 '카운터 섹스'의 음탕한 굿이었다고 추측할 수 있지만 확인할 길은 없다.

강원도 양양(襄陽) 앞바다 대섬(竹島) 아래턱에 돌출된 바위 끝에는 조(槽, 술 거르는 틀)처럼 오목하게 패여 있다. 이 조 속에 손가락처럼 길쭉한 돌이 들어 있고 파도가 스칠 때마다 마찰을 일으키곤 한다. 이곳에 신석을 바치는 것은 상사(相思)하는 여자가 있는 뱃사람들의 소행이라고 한다. 이 양석(陽石)이 오목한 음석(陰石)에 마찰될 때 상사하는 여인이 그 양석을 바친 사나이를 그리워하게 된다고 믿어 왔던 것이다.

동래 금정산(金井山) 위에도 높이 세 길쯤 되는 바위가 있다. 그 바위 끝에는 둘레 10여 척, 깊이 7치 가량의 오목한 암혈이 패여 있어 그곳에는 항상 황금색의 빗물이 괴어 있었다. 그 물이 아이를 못 낳는 남녀에게는 드링크제(劑)의 기자약(祈子藥)이고 상사하는 남녀에게는 미약(媚藥)이었다. 물이 솟는 암굴은 음양 화합 또는 음양 불화에서 형성되는 모든 소원 성취에 보다 신통한 효과를 낸다고 믿었다. 이외에도 이런 민속은 무수히 많다.

개성 교외에 있는 한 암굴천(岩窟泉)의 물로 밑물[下水]을 하면 음력이 강해진다고 하여 매월 겹날(삼월삼질·구월중구일 등)에는 목욕을 하려는 사람들이 몰려든다고 한다. 이 암굴천의 전설도 한국의 암혈 숭배를 이해하는 데 도움을 줄 것 같다.

옛날에 탐욕스러운 여인이 있었는데 한두 남자로는 그 음욕을 감당할 길이 없어 차라리 죽어 조선 천지 온 남자들을 성적으로 사랑하고 싶다 하여 이 물에 빠져 죽었다는 것이다.

천마산의 섹시 고 라운드

개풍군 북사리 천마산성을 따라 걷다 보면 남자 성기형의 바위가 마치 석문(石門)처럼 서 있고 그 바위 아래는 현기가 일 정도의 깎아지른 벼랑이 있는 것을 볼 수 있다.

그런데 이 위험한 바위를 두 팔로 안고 돌고 또 등을 대어 도는 이상한 풍습이 있었다. 벼랑을 밑에 두고 안돌이, 뒤돌이하는 것은 참으로 스릴 있는 모험이었을 것이다.

안돌이를 하면 음양의 성력(性力)이 강화된다고 믿었는데, 주로 부녀자들이 윤년(閏年)이나 윤달(閏月)에 와서 돌면 보약 백 첩보다 낫다는 속언이 전해 내려올 정도였다. 그리하여 딸을 위하는 어머니들은 시집 가기 전의 소녀들에게 이 바위를 돌게 하였다.

일제 시대 때만 해도 개성의 여학생들이 이곳으로 소풍 와서 숫바위를 안고 돌며 식은땀을 흘리곤 했는데, 이렇게 하면 나중에 남편이 바람나지 않는다고 믿었기 때문이다.

주의를 끄는 것은 이 바위들의 이름이다. 도는 사람의 성(性)이나 도는 방식에 따라 이름이 달라지기 때문이다.

부녀자는 반드시 숫바위를 안돌이하고 암바위는 뒤돌이한다. 남자 같으면 암바위를 안돌이, 숫바위를 뒤돌이한다. 바위의 성과 도는 사람의 성이 이성(異性)으로 화합할 때 안돌고〔抱廻〕, 동성(同性)으로 상반할 때 뒤돈다〔背廻〕. 그리하여 여자가 안돌

때 숫바위는 안돌이 바위라 하고, 남자가 뒤돌 때 같은 숫바위인데도 뒤돌이 바위라 부른다. 암바위도 남자에게는 안돌이 바위인데 여자에게는 뒤돌이 바위다.

암석을 성기에 유감시킨 가장 일차원적인 이 기습(奇習)은 강원도 인제, 함경도 홍원에서도 발견되고 있는데 이곳에서는 안돌이 바위만 있는 게 다를 뿐 윤년 윤달에 그 성적 효과가 좋다는 사실은 공통적이다.

윤달은 시간의 잉여다. 한데 이 잉여 시간이 섹스와 밀접한 연관이 있음은 인도의 시바교도나 아프리카 이슬람교도들의 성 풍습에서 완연하다. 이것은 윤달의 인류학이 세계 공통된 주술을 지니고 있다는 방증이 되기도 한다.

여자가 예뻐지는 풍수

평안도 강계(江界) 풍수도 옥녀개화(玉女開花)형으로 주산인 남산 밑이 여음(女陰)이요, 안산(安山)인 독산(獨山)이 남근(男根)이며, 항상 남산 밑에서 오수(汚水)가 나기에 강계 여인들이 예쁘고 화냥기가 있는 것으로 구전되고 있다.

안동을 안고 도는 영남산맥 중 지금 초등학교 뒷산이 여근(女根)형이라 하여 속칭 공알〔陰核〕산이라 불린다. 그 산 중에 한 샘이 있는데 사시사철 냄새를 풍기는 물이 흐르는 것으로 안동 여자들의 음풍을 풍수적으로 이해하였다. 그리하여 이 왕성한 음기를 중화시키고자 그 여근산과 대치되는 곳에 세 개의 남근석(男根石, 腎石)을 세웠으며 이 풍수 석주들은 일제 시대까지 남아 있었다고 한다.

여근형의 지형이나 암석에 대한 성기 유감 신앙은 세계 공통적이긴 하나, 그 지형이나 암석 때문에 그곳에 사는 주민이 예쁘고 바람이 나며 과부가 된다는 풍수의 추상화는 한국적이다.

또한 암석의 성기 유감을 파랑새로 둔갑시키고 다시 미녀로 둔갑시키는 이미지의 발전 또한 한국적이다. 게다가 풍수의 효력을 그토록 철저히 믿었기에 풍수 머슴 같은 시적(詩的)인 직업을 있게 한 것 역시 한국적이다. 성기 숭배를 둔 이 고차원적인 이미지네이션은 한국인의 풍부한 추상화 능력과 구상화 능력의 상반된 두 사유 방식이 야합함으로써 빚어진 것으로 보여진다.

제 **4** 부

비정의 생활 습속

신래침학(新來侵虐)

동승 과부

과부 가운데 동승 과부란 특수한 과부가 있었다. 부인네들이 슬픈 일을 당하거나 역경에 빠지면 이웃에서 동정하는 말로 "동승 과부도 세상을 사는데……"하고 용기를 북돋워 주곤 했던 것이다. 동승 과부란 과부 가운데도 가장 가엾은 과부를 뜻한다. 옛날에는 비정의 혼속(婚俗)인 족장(足掌)을 맞고 죽은 신랑이 많았다. 혼례 때 신부집에서 죽은 이 신랑의 신부는 시집에 가서 과부로 여생을 살아야 했으며, 이 과부를 속칭 동승 과부라 하여 여느 과부와 구별하였다.

'동승'이란 어원에 대해 고증한 자료가 전혀 없으므로 확인할 길이 없으나 필자 생각으로는 밧줄이나 새끼로 함께 묶이운다는 뜻에서 동승(同繩)이 아닌가 보여진다. 신랑의 발바닥을 칠 때 신부와 신랑의 등을 맞대어 묶어 놓고 이 유희형을 가하기 마련이었으므로 겨우 등을 맞추는 동승만으로 과부가 되었다는 뜻에서 그렇게 불리운 것이 아닌가 생각된다.

이 신랑의 발바닥을 치는 살인적 기속에 관한 옛 문헌은 많다. 이맹휴(李孟休)의 《춘관지(春官志)》에서 살펴보자.

'혼례날 저녁에 신랑이 신부집에 가면 그 이튿날 신부 마을 사람들이 잔칫집으로 몰려가 술상 대접을 강요한다. 남침연(覽寢宴)이라 하여 주육(酒肉)의 과도한 향응을 요구하는 것이다. 여의치 않으면 차일을 찢고 난동을 부리며 신랑을 잡아내어 마당의 나무나 대들보에 거꾸로 매달아 놓고 몽둥이나 막대기로 발바닥을 후려친다. 이를 속칭 현신랑(懸新郎)이라 한다. 이들은 갖은 음탕한 말로 첫날밤의 일을 물으면서 대꾸가 막히면 치곤하였다.'

《후청쇄어(候鯖瑣語)》에도 이 습속이 기록되어 있다.

'남침(覽寢)이라 하여 마을의 무뢰배들이 해가 지면 혼가에 밀어닥쳐 주식을 강요하고 또 횃불을 들고 신부집에 둘러서서 신혼방을 밤새워 밝힘으로써 신랑 신부를 불안케 하였으니 이런 폐독이 또 어디에 있겠는가.'

정종(正宗) 때 일이다. 서울의 사족 김희집(金禧集)과 신덕윤(申德潤)의 집이 무척 가난하여 과년한 딸을 시집보내지 못하고 있었다. 왕이 이 말을 듣고 가엾게 여겨 호조판서 조정진(趙鼎

鎭)에게 중매를 들게 하여 선혜당상(宣惠堂上) 이병모(李秉模)로 하여금 관재(官財)를 나누어 주게 하였으며, 학자 이덕무(李德懋)에게 이 혼사 사실을 기록하도록 했다.

그 기록 가운데 발을 치는 대목의 묘사가 상세하다.

'작! 하고 치고, 도문과(到門科)라 김도령 하니, 아야! 하고 소리를 지른다. 툭! 치고, 김서방 출세과(出世科)라 하니 신랑은, 막비천은(莫非天恩)이니 감개무지(感慨無地)로소이다라고 굽신거린다. 총각 때는 꼴불견이더니 너 오늘의 모양이 어변성룡(魚變成龍)이구나 하고 석 대를 친다.'

이와 같이 신랑이 장가(丈家) —— 즉 처갓집에 들르면 처가 동네의 젊은이들이 몰려들어 신랑을 매달고 별의별 억지 심문에 음탕한 언어를 써 가며 발을 친다.

이 족장이 심하여 현장에서 신랑이 죽은 일이 있고, 또 그 길로 앓아누워 죽는 일이 더러 있었으며, 조선 중엽의 형사(刑事) 기록인 《추관지(秋官誌)》에 보면, 족장옥(足掌獄)이라 하여 이따금씩 살인옥이 이루어져 왔음을 볼 수 있다.

이전 비정의 습속 때문에 탄생된 과부의 보통 명사가 생겨날 정도였으니 이 비정의 죽음이 얼마나 보편화되어 왔던가를 짐작할 수가 있다.

신부의 오물 세례

이 죽음에 이르는 기속은 원시 시대부터 있어온 면신례(免新禮)나 신래침학 습속으로 따져 볼 수 있다. 가문이나 마을이나 관청이나 서당, 군대 등 집단 사회나 단체에서 신래자(新來者), 즉 새로 그 단체에 들어온 사람에게는 학대와 곤욕을 가하고 주식(酒食)을 강요하는 습속이 있었는데, 이를 신래침학이라 한다.

신랑은 신참자이기에 이 마을 젊은이들로부터 곤욕과 린치를 받고 음식을 제공해야만 했다. 비단 신랑뿐만 아니라 신부도 시집갈 때 시집 마을에서 신래침학의 곤욕을 당했다. 먼 친척 부인네들이 새로 시집온 신부를 집단으로 둘러싸고 상스러운 질문을 한다. 놀리고 구슬리고 욕하고 하다가 심하면 무엄하다 호통치고 초달(楚撻)을 쳤으며, 더러는 신랑처럼 띠로 묶어 거꾸로 매고 발을 쳐 피를 보거나 발병신을 만드는 경우도 있다고 하였다.

또 학친(謔親)이라 하여 마을 여인네로부터도 학대를 받았다. 새각씨가 첫 나들이를 하면 마을 여인네들은 치마를 들추고 바늘이나 나뭇가지로 살을 찌르거나 땅바닥에 눕혀 신을 벗기고 그 발을 재어보거나 했던 것이다.

신부 가마가 마을에 들어오면 어른 아이 할 것 없이 마냥 이 행차를 보려고 달려가기도 했었다. 가마의 앞문을 열고, 신부가 예쁘다고 놀리면서 두엄터의 건초나 길바닥의 쇠똥처럼 맞아도 아프지 않은 더러운 것들을 던졌다. 예쁘다면서 가하는 이 곤욕도 신부가 그 마을의 신래자이기에 형성된 습속이 아닌가 생각된다.

결혼식 때 콩이나 팥을 던져서 아프게 하는 습속도 그런 원시적 원인이 있다고 본다. 우리나라뿐만 아니라 유대 민족을 비롯한 지중해 동부 연안에서도 결혼 행렬이 지나가면 마을 사람들이 그들을 향해 신고 있는 신발을 벗어 던졌다. 이러한 신부의 신래침학은 인류학적 공통성에서 이해되어야 할 것이다. 큰며느리나 시누이들의 새 며느리에 대한 작희(作戲) 습속도 이 신래침학의 범주에서 이해될 수 있다.

일제 시대 때 채집된 이 작희 습속 가운데 혹심한 것을 몇 가지 열거해 보자.

깊은 오줌 항아리 속에 호미를 던져 놓고 새 며느리로 하여금 그것을 찾아내게 하였다. 또 새 며느리는 음산한 사당이나 제청(祭廳)에서 야삼경(夜三更)에 떼굴떼굴 뒹굴도록 강요받았다. 그뿐 아니라 이웃집이나 친척집의 장독대에 가서 간장 한 사발을 훔쳐오라고 시키기도 하였다. 개화기에 들어서는 학대적 요소가 사라지고 으레 새 며느리가 그릇을 하나 들고 오면 장을 퍼주는 습속으로 정착하기도 했다.

이와같이 한 가문의 선임자가 신임자를 무척 골탕먹였던 것이다. 한국 여인의 신래적 박해는 이 결론에서 끝나는 것이 아니었다. 마을 부녀자끼리 추렴해서 노는 각종 친목계에 처음 들 때도 신래침학을 당해야 했다. 삼남의 농촌 부녀자들은 '되리' 라 하여 현품으로 분담 추렴해서 야식을 만들어 먹으며 노는 습속이 있었다. 팥죽을 만들어 먹으면 '죽되리'요, 떡을 만들어 먹으면 '떡되리'다.

이 되리 멤버들이 의식적으로 도토리를 주워 저장해 두었다가 묵을 만들어 먹는 묵되리는 가장 신나는 것이었다. 이 되리에 신참자가 있으면 더욱더 신이 났다. 가장 연상의 여인이 방주(房主)가 되고, 가장 잘 노는 활동적인 여인을 집행관이라 할 좌차(坐次)로 삼는다. 이 신참 여인은 새 귀신이라 불리며 방주의 명령대로 토끼 뛰는 시늉에서 돼지 밥 달라는 시늉에 이르기까지 시키는 대로 다 해야 한다. 심지어는 암내 난 개 시늉까지 시켜 놓고 깔깔댄다. 시늉 학대에서 묵면(墨面)으로 들어가는 것이다.

새 귀신으로 하여금 부엌에 가서 검은 벽을 손바닥으로 문질러 오도록 시킨다. 그 새까만 손바닥으로 '연지 찍듯 해라', '얼굴 씻듯 해라' 하고 하명하고, 깜장으로 얼룩진 얼굴을 보고 깔깔댄다. 그 깜장 얼굴을 씻게 한 물을 마시도록 하는 혹심한 곳도 있었다. 그리고 이 신참자를 보낸 집의 어머니나 시어머니는 이날 떡을 하고 전을 부치며, 국수를 말아 상을 차려 방주에게 바치도록 되어 있었다.

이 부녀자의 면신(免新)은 야외에서 즉석으로 벌어지기도 한다. 나물 캐러 가서도, 뽕 따러 가서도 벌어졌는데, 이럴 때는 나물 바구니나 뽕 바구니를 신참 아가씨에게 씌워 놓고 둘러서서 치마를 들추는 것으로 가학을 한다. 그러므로 신참자는 미리 만들어 온 개떡으로 고참 여인네들을 대접해야 한다.

또 지방에 따라서는 색다른 신래침학을 하는 습속이 있었다. 이를테면 개성 부녀자들은 아슬아슬한 단애(斷崖)를 돌게 함으로써 침학을 했다. 개풍군 영북면 북사리로 뻗은 천마산 기슭에 안돌이 바위, 뒤돌이 바위라고 부르는 벼랑 위의 바위가 있다. 개성 부녀자들은 현기가 나는 그 단애 위로 이 안돌이 바위를 안고 돌고, 뒤돌이 바위를 등지고 도는 시련을 겪어야 신참을 면했다.

개화기 때는 개성의 여학생들이 기숙사에 새로 입사하는 여학생에게 이 안돌이 뒤돌이의 신참 시련을 겪게 하고 입사(入舍) 턱을 얻어 먹는 풍습을 유행시켰다.

또 이화학당의 기숙사에서는 새로 입사하는 학생에게 '치마 졸음'이라는 신래침학을 가했다. 치마 말기에 치마끈 네 개를 단단히 맨 뒤 그 치마 말기를 신참 학생의 유방까지 추켜 입히고 네 명의 고참 학생이 각기 그 치마끈 한 가닥씩을 잡고 발을 버티며 조여댄다. 젖망울이 설 무렵인 소녀에게 가하는 신래침학으로 소녀들은 비명을 지르면서 나뒹굴었다고 한다.

레즈비언 승방

성종(成宗) 이래 한국 여성에게 인간성을 무화(無化)시키는 성리학 모럴은 한국 부녀자로 하여금 그 숨막힌 풍토로부터의 탈출구를 모색하게 하였다. 그것은 부녀상사(婦女上寺)라 하여 머리를 깎고 절에 들어감으로써 비정상적인 모럴 풍토를 거부하는 풍조였다. 이 유행적인 폐습인 부녀상사로 서울 근교에는 니사(尼寺) 승방(僧房)이 대량으로 늘어났고, 니사 승방이 추문과 음란의 소굴로 퇴폐화하였다.

특히 지금 서울역 뒤에 있는 산은 이 니사 승방으로 메워져 종니산(鍾尼山)으로까지 불리웠다. 이 종니산 승방의 여성간에 성행했던 신래침학은 섹시하였다. 신래의 삭발니(削髮尼)는 고참 니승에게 대식(對食) 파트너가 되어 주어야 신참을 면할 수 있었다. 대식이란 궁중 은어로 궁녀간의 동성애를 뜻한다. 즉 애욕의 파트너가 되는 레즈비언 서비스를 관습적으로 강요받았던 것이다.

이 대식에 의한 면신례는 남사당의 여창우(女倡優)들간에도 있었다. 남자들의 집단인 농촌의 농계(農契)나 농사(農社), 그리고 상업단체인 부상(負商), 보상(褓商) 조직에서도 신참자에게 동성애 파트너가 되게끔 강요하는 풍습이 있었다. 이 신래침학을 속칭 바구리라 하였고 바로 이 습속 때문에 바구리는 동성애의 속어로 널리 퍼졌던 것이다.

신참자는 농계나 농사의 간부인 숫총각·영수·좌상·좌장·반수 등의 선임자들에게 동성애 파트너가 되어주었다. 서북(西北) 지방에서는 울면서 웃는 미묘한 감정의 경지를 나타내는 말로, '바구리에 떡 담아 준다.'고 하는데, 이것은 바구리 침학을 받으러 가는 연소한 아들에게 참례 잔치용 떡을 싸줄 때의 어머니 심정을 비유한 데서 유래된 것이다. 아들이 다 커서 장정이 된다는 즐거움 때문에 웃고, 어린 아들이 뭇놈에게 호모를 당할 학대에 마음이 아파 우는 것이다. 이를 통해 남녀간에 신래자의 침학 방법으로 동성애가 널리 유행했음을 알 수 있다.

비정 기방(非情妓房)

부녀자들의 신래침학 가운데 가장 잔혹한 것이 기방(妓房), 권번(券番), 그리고 무당 조직인 풍류방에서의 면신례다. 이것은 면신례라기보다 차라리 가혹한 린치로 보는 편이 옳다. 이는 신참자로서 고참자의 말이나 규정에 순응해야 한다는 공갈이기도 했던 것이다.

신참 기생의 손을 뒤로 묶고 속바지를 벗겨 홑치마만 걸치게 한 다음 둥근 통나무를 비스듬히 기대어 놓음으로써 경사지게 한다. 그 경사진 통나무 위쪽에 치마만 벗기면 나신(裸身)인 이 신참자를 말태우듯 태우고 통나무 경사로 고참들이 끌어내린다. 체중의 압박이 사타구니를 짓눌러 내리는 고통은 신랄한 것이었을 게다. 이 통나무 타기로 사타구니가 파랗게 멍이 들어 이 면신을 치르고 나면 으레 걷지도 못하여 열흘 내지 보름씩 누워 있어야 했다.

풍류방의 신래침학은 쑥찜이 유행했다. 이것은 쑥에 불을 붙여 신래한 단골 무당의 무른 살 서른세 군데를 뜸질한다. 나체로 벗겨 묶어 놓고 귀밑, 턱아래, 목덜미, 겨드랑이, 유방 등 성감대를 차례로 뜸질하다.

33이란 수는 불교 관음사상에서 비롯된 말로 전체를 상징한다. 종로 종각에서 제야의 종을 서른세 번 친 것도 이것이 조선천지 시공의 모든 곳에 신년을 고한다는 뜻이요, 또 독립선언서에 서명한 민족 대표를 서른세 명으로 한 것도 한국 민족 모두를 대표한다는 상징적 뜻을 지니기 때문이었다. 신래(新來)의 여무(女巫)에게 서른세 군데 뜸질한다는 것은 이 학대의 전체성을 강조하는 뜻에서였을 것이다.

모 심을 때 임시로 형성되는 직업 모 심기 조직인 모꾼들간에도 이 신래자에게 가학하는 풍습이 있었다. 호남 지방에서는 단시일 동안 모를 심어야 할 식부(植付) 면적이 너무 넓으므로 부인네들끼리 이 모꾼을 조직하여 열흘씩 또는 보름씩 집단으로 원정을 했다. 그러기에 이 직업적인 모 심기 단체의 이전(移轉)은 컸다. 이들은 기호(畿湖) 지방부터 모를 심어 내려오므로 활동한 기간이 한 달도 넘었는데, 이 단체의 신참자는 '흙 목욕'

이라는 학대를 받아야만 했다. 흙 목욕이란 고참자들이 모를 심기 위한 흙물 논에 둘러서서 이 신참 소녀를 흙탕물에 던지는 것이다. 흙탕물에 빠진 소녀를 일으켜 세우고 나서 다시 흙탕물에 던진다. 옷이건 얼굴이건 흙탕물투성이가 된다. 이때 신참자가 울음을 터트리면 이들 조직에 들어갈 수 없기에 그 곤욕을 참는 모습은 참으로 처참하였다.

제주도 해녀간에도 이와 비슷한 습속이 있었다. 대개 열 살 안팎의 해녀가 이 침학을 받는데 노해녀들이 바다 깊숙이 끌고 데려가 바닷물에 처넣는다. 만약 울면 후에 다시 날을 받아 울지 않을 때까지 가학을 했던 것이다.

관청의 신귀

관리들의 신래침학에서는 무서운 비정(非情)의 이면사를 찾아볼 수 있다. 명종(明宗) 8년 윤3월 간원(諫院)의 상소문에 보면, 새로 부임한 관리에게 가하는 선임 관리의 학대 방법으로 얼굴에 똥칠을 하는 기습이 있으며, 이 침학 방법을 당향분(唐鄕粉)이라 부른다 하였다.

이와 같은 오물뿐 아니라 돼지우리의 밑물, 미친 계집의 오줌물을 칠하기도 하고, 눈·코·입 언저리만 남기고 얼굴에 먹칠을 하거나 성기에 개먹칠을 하기도 했다.

또한 신참자의 이름을 거꾸로 써 불에 태운 다음 그 재를 물에 타 먹이기도 하고, 관가의 부엌벽을 손바닥으로 쓿게 하여 그 깜장이를 씻은 물을 먹이기도 했다.

　그뿐이랴, 생명보다 더 아끼는 관(冠)을 부수고 옷을 찢어 못 보일 것을 드러나게도 하고 시궁창에 둘러서서 발길질하여 그 속에 나뒹굴게 하기도 했다. 만장(萬狀)·방목(房木)·장목(長木) 등 형틀을 만들어 사형(私刑)을 가하고 족장을 치는 것으로도 성이 안 차 발뒤꿈치에 마제(馬蹄)를 박아 기어이 피를 보고야 말았다.

　이 흉악한 신참 학대 때문에 태종 6년에 이전(李旬, 三軍行首)은 평생의 병을 얻었고, 단종 원년에 승문원(承文院)에 새로 부임했던 정윤화(鄭允和)는 현장에서 피살당했다. 중종 21년 정월에는 감찰 벼슬의 조한정(曺漢鼎)이 신참례에서 기절하더니 그 길로 죽어 갔다. 조선 중엽에는 무과(武科)에 등과한 한 무관의 다리를 부러뜨린 일도 있었다.

　신참례 학대에는 격식과 절차가 있었다. 관부의 선임자를 방주라 하여 상하유사(上下有司)와 더불어 내방(內房)에 들어 정좌한다. 외방에는 좌차(坐次)·중수(中首)·비방주(批房主)라는 신참례의 임시 벼슬아치가 앉는다. 신래자를 신귀(新鬼)라 부른다.

　신귀는 사모(紗帽)를 뒤집어 쓰고 두 손을 등 뒤로 얹은 채 이 세상에서 가장 비굴한 자세로 들어와 방주 앞에 선다. 방주가 희색을 하라면 희색을 짓고, 노형(怒形)을 지으라면 성을 내며, 개의 교미 시늉을 지으라면 그 시늉을 해야 한다. 이와 같은 흉내를 패색(悖色)이라고 불렀는데, 도무지 흉내낼 수 없는 흉악한 패색을 요구하여 머뭇거리면 앞서 열거한 가혹한 가학으로 옮겨 간다.

이와 같은 신참례를 겪고 나면 열흘 내지 50일 후에 면신례가 베풀어진다. 면신례는 선임자에 대한 잔치이다. 그러기에 면신례가 베풀어지기 전날, 이 신참 관리는 회자(回刺)라 하여 신귀 아무개라는 명함을 각기 선임자집에 돌린다(회자도 규격이 엄하여 포목 일정값이 든다). 선임자들이 잔치마당에 찾아들면 이 신귀는 사모를 거꾸로 쓰고 맞아들여 계집 하나씩을 끼워 앉힌다. 이를 안침(安枕)이라 부른다.

이 잔칫상 차림에도 격식이 엄하였다. '삼기수(三起數)'라 하여 청주 세 병, 고기 세 근, 닭 세 마리, 나물 삼 반(三盤) 등 범백(凡百) 가지를 삼기수로 차리는데, 이에 약간의 불비가 생기면 그 벌칙으로 오기수(五起數)를 명하고 퇴거해 버린다. 이와 같이 하여 칠기수(七起數), 구기수(九起數)로 늘어나므로 이 면신의 연회값은 패가망신으로 직결되곤 하였다.

명종(明宗) 5년 2월 간원(諫院)의 계문(啓文)에 보면 이 면신례를 감당할 길 없어 집과 밭을 팔고는 그것을 보충하기 위해 관물을 팔고 백성에게 토색을 하게 된다 하였으며, 성종(成宗) 24년 5월의 《성종실록》에 보면 재주가 탁월한 관리들이 이 신참례에 드는 전량(錢糧)을 감당할 길 없어 부임을 거절하고 낙향하는 풍조가 있다 하였다.

이와 같은 신참례는 온 관가의 통폐이긴 하지만 유독 예문관·성균관·승문원·교서관에서 심했고 병조(兵曹) 산하의 각 무위영(武衛營)에서 혹심하였다. 이러한 풍습은 당상(堂上)의 하직에 있는 신래 관원에게만 국한된 것이 아니라 당상 고관에게도 예외가 없었다.

성종(成宗) 25년 9월 참모 총장이랄 도총관 벼슬의 변종인(卞宗仁)이 군사들의 훈련을 사열하고자 훈련원에 앉아 있는데 권지(權知)·이극달(李克達) 등 하급 장교들이, "변종인 이놈, 어느 상좌에 앉아 있는가?"하고 상관의 이름을 부르고 모욕을 준 사건이 일어났다.

이에 성종은 이 하극상 사건을 크게 보고 권지·이극달 등 하급 장교를 불러들여 손수 심문을 하였다. 그러자 이들은 "무과 출신 관원은 당상 당하관(堂上堂下官)을 불문하고 술과 안주를 내어 본원남행(本院南行)에 상회(相會)한 연후에야 선생안(先生案)에 이름을 올리고 경칭을 붙이는 것이 전통입니다. 불연이면 비록 당상관이라도 이름을 마구 부르고 모욕을 주는 것이 고풍(古風)인데 변종인이 참판을 지낸 재사지만 고풍보다야 더 높을 리가 있겠습니까?"하였다.

또한 조선 초기의 기록인 《용재총화》에 보면 면신례의 정일품(正一品) 방에서는 대신일지라도 방주의 윗머리에 앉을 수 없으며, 벼슬은 오대자(五大字), 종일품(從一品)을 사대자(四大字), 이품(二品)을 삼대자(三大字), 삼품당상(三品堂上)을 이대자(二大字)란 별칭으로 부르고 당하관(堂下官)은 대선생(大先生), 사품(四品) 이하는 선생(先生)이라고 부를 따름이라 하였다. 이와 같은 악습의 피해자에서 당상관이 예외일 수 없듯 또 이 악습의 가해자로서 당상관이 예외일 수도 없었다.

선조 6년 6월에 영의정 권철(權轍)과 좌의정 노수신(盧守愼)을 비롯하여 송기수(宋麒壽)·김귀영(金貴榮)·윤현(尹鉉)·허엽(許曄)·이산해(李山海) 등 재상들이 승문원에 모여 앉아 등과자 중에서 새 관리를 선발하는데 나라에서 통금하고 있는 면신례를 올렸다고 간원(諫院)이 선조에게 고발하였다. 이에 선조가 책문하자, 신래침학의 폐풍을 혁신하는 본보기로서 상견지례(相見之禮)를 베풀었을 뿐이었다고 해명하여 문제는 커지지 않았지만, 이 대꾸는 궁여지책에서 꾸며진 말이었을 것이다.

재상들도 이 악습에서는 예외일 수 없음을 볼 수 있다.

홍분방

◈ ◈ ◈

거학(巨學) 이율곡(李栗谷)도 신래침학의 피해자 가운데 한 사람이었다. 과거에 급제하여 승문원에 발령을 받았는데 이 학대에 못이겨 직을 파하고 말았다. 이 일이 뼈에 사무쳤던지 선조에게 이 폐풍을 없애자는 소문(疏文)을 올렸다.

그 소문이 신래침학의 습속을 고증하고 있다. 중국이나 한국의 옛 문헌에서 그와 같은 풍습을 적은 기록은 찾아볼 수 없다 하였고, 전해온 말에 의하면 고려 말의 홍분방(紅粉榜)에서 그 연유를 찾을 수 있다 하였다.

고려 말 과거가 공평치 않아 급제자는 권귀(權貴) 집안의 젖비린내도 덜 가신 애송이들이 거의 다였다. 그때 세상 사람들은 이 젖비린내 급제자들을 홍분방이라 하였다. 이에 불만과 원망을 품은 선임 관리들이 원풀이를 하기 위해 이들에게 가한 침학이 이 같은 풍습이 되었다고 하였다.

이율곡의 이론에도 일리는 있으나 신래침학 풍습은 성인식, 입문식 같은 인류학적인 뜻으로 해석될 수 있는, 유사 이전부터 있어 온 풍습으로 보인다.

원시인들은 육체적으로는 성인에 이르렀다 해도 그 청년을 부족의 성인으로 동화시키는 관행(慣行)·식사(式事)·제전(祭典) 등 신비적 요소 없이는 성인으로 인정하지 않았다. 그것은 사람이 죽었을 때 완전히 죽은 것으로 보지 않고 3년이든 10년이든 일정한 상(喪) 기간이 지난 후에야 사자(死者)로 취급하는 것과 같은 이치다.

인류학자 프레이저는, 성인이 되기 위해서는 어린 시절의 생명체를 죽이고 성인으로 되살아나게 하는 살생 행위가 수반되어야 한다고 믿었다. 그리하여 실신 상태에 이르도록 가학을 하여 혼을 빼는 의식이 필요했으며 이것이 성인식 또는 입문식에서 베풀어지는 신래침학 습속의 기원으로 풀이하고 범세계적으로 그 실례를 제시하였다. 우리 말에 혼낸다는 말은 혼을 빼어낸다는 뜻으로, 가학에 대한 프레이저식 해석을 똑바로 표시한 적절한 낱말이다.

《위지》〈동이전〉,《후한서》〈동이전〉 등에 삼한(三韓) 시절의 풍속으로 이 신래 성인(新來成人)의 가학 습속이 적혀 있는 것으로 미루어, 새로 성인이 되고 새로 관리가 되며 새로 마을 사람이 될 때 혼을 내는 가학 풍습은 유사 이전의 인류학적 풍습의 일환이며, 그 후에 새 환경에 들 때 그 새 조직에 순응하게끔 기를 꺾는 효용성이 가미되어 이와 같은 기속으로 발전했다고 볼 수 있다.

옥중침학(獄中侵虐)

옛날 감옥의 신참례는 보다 가혹하였다. 옥졸은 신장(神將)이라 하고 선임 죄수는 마왕(魔王)이라 하였으며, 마왕 아래 영좌(領座)·공원(公員)·장무(掌務)가 있어 새 죄수가 들어올 때마다 문에 들어서면 문 넘는 예, 방에 들어와 앉으면 지면(知面)의 예, 칼을 벗으면 환골(幻骨)의 예, 여러 날이 되면 면신(免新)의 예, 좋은 자리로 바꿔 앉으면 새 자리의 예 등 학대를 가했다.

그 학대는 원숭이걸이〔猿掛〕, 학춤, 기름짜기, 뒤통수치기 등 가혹한 사형(私刑)이었다. 추뇌(椎腦)라 불린 뒤통수치기는 기절을 시키는 것으로 가장 가혹하였다. 이 혹형으로 가해지는 신참례를 면하는 길은 돈을 바치는 일뿐이었다. 그러기에 고참 죄수는 감옥에서 돈을 벌 뿐 아니라 심지어는 신참 죄수의 집에서 고참 죄수의 집에 전량(錢糧)을 대줌으로써 이 신참의 사형을 면하는 풍습이 생겨나기까지 하였다.

정다산의 《목민심서》에는 해주(海州) 죄수 박해득(朴海得)이 신참 죄수로 입옥하였다가 고참 죄수인 살인범 이종봉(李從奉)에 의해 신참 학대를 받고 죽은 실례를 써 놓고 있다. 칼 끝을 두 발목에 끼우게 하고 이어 새끼로 칼판과 다리를 묶어 놓으니 머리에서 발끝까지 쭉 뻗어서 지탱하다 못해 죽은 것이다. 이때 신참전(新參錢)으로 박해득으로부터 빼앗은 돈은 50냥이었다.

1878년 1월 말 천주교 박해로 옥살이를 하였던 프랑스인 리델 주교의 《경성유수기(京城幽囚記)》에도 옥중 신참례의 기속(奇俗)을 적어놓고 있다.

옛날 마을에는 마을 아이들의 노리개가 되던 어른, 즉 함부로 이름을 부르며 골탕먹이고 반말을 해도 되는 그런 특정 어른이 있곤 했다.

필자도 숯장수를 하는 중국인 집에 고용된 그런 한 어른의 이름을 아무개야 하고 부르다가 잡혀 중국집의 음산한 숯곳간에 한나절을 갇혔었다. 그런 연후에야 왜 하필 그 어른에게만 남녀

노소 없이 반말을 하는가를 의심하였던 것이다. 그 이유는, 성인식의 일종인 맴춤을 추지 않았기 때문에 늙어도 아이라는 것이었다. '늙어도 아이'란 롱펠로의 시구 같은 낭만적인 것은 못 되지만 말이다.

 또 광주산맥, 소백산맥의 서쪽 지방에서는 주먹다듬이라 하여 농계나 농사의 계원이나 사원이 올리는 참례로서 족장을 치고 다듬이보를 씌워 학대를 한 다음 술상을 받았다. 이렇게 해서 꼴이나 베고 소나 먹이던 머슴애로부터 장정으로 승격을 했던 것이다.

세도에의 오솔길

거세된 환자(宦者)는 천인이었으나 고려 의종(毅宗) 때 환시(宦侍) 정성(鄭誠)과 백선연(白善淵)이 처음 대관(大官) 자리에 오르고, 노국 공주가 환자 여러 명을 원나라 세조에게 바친 것을 계기로 이들은 세조의 은총을 업고 가세를 크게 일으켰을 뿐 아니라 가족, 가문에까지 모두 관작을 받게 됐다.

이리하여 요행을 바라는 자들이 이를 선망하여, 아비는 아들을 거세하고 형은 아우를 거세시켰을 뿐 아니라, 분한 꼴을 당하는 자가 자궁(自宮) 즉 스스로 거세하는 행위가 숱하니, 이로써 수십 년이 못 되어 직업적인 거세 백정이 많이 생기게 되었다.

거세 방법은 세습적인 중국 풍습을 썼다. 맨 먼저 하얀 끈으로 아랫배와 사타구니 위쪽을 야물게 쥐어 맨다. 그리고 거세 부분을 뜨거운 호초탕으로 세 번 씻은 다음 낫모양으로 굽은 날〔刀〕로 잘라 낸다. 수술 부분은 백랍으로 만든 좁다란 침을 요도(尿道)에 삽입한 다음 냉수에 적신 백지로 싸매어 둔다. 그 후 사흘 동안 물도 마셔서는 안 된다.

거세 백정에게 가지 않고 자기 스스로 낫을 들어 잘라내는 일도 흔하였다. 유명한 간신 최세연(崔世淵)은 자궁 세도 인맥의 원로였다. 충렬왕의 사랑을 받고 있는 환관 도성기(陶成器)와 짜고 모든 벼슬과 나라의 재물을 손아귀에 쥐었기 때문에 종실뿐 아니라 왕세자까지도 우러러볼 만큼 세도를 남용했다.

이 환관 세도로 자궁 풍조가 부쩍 늘어 최세연이 충선왕에게 살해되었을 때 그에 연루된 일당은 무려 40여 명에 이르렀으며 그 중 자궁 환관이 다수를 차지하였다. 원나라 인조의 사랑을 뒷받침으로 세도를 부린 임백안도 관노(官奴)로서 자궁하여 선망의 자리에 올랐던 전형적 인물이었다.

거세 데먼스트레이션

감찰사의 녹사(錄事)였던 최성(崔成)은 횡령 혐의로 심한 태형을 받자 당장에 자궁을 하였다. 그때 형리나 환관들은 어쩌면

그로 인해 세도를 누리게 될지도 모를 죄인 최성 앞에서 굽실거렸다 한다.

한 창녕 현민은 부역의 속전(贖錢)인 징은(徵銀)을 감당할 길이 없자 일부러 상경하여 최세연의 집 문 앞에서 자궁을 하였다. 잔혹한 이 비정적 행위가 어떤 포화된 인간 상황의 폭발구로서 풍습화되었음을 볼 수 있다.

그러나 이 비정의 자궁 습속은 조선에 들어와서 세도에로의 발전적 가치를 상실하고, 가혹한 현실로부터 도피하려는 부정적 가치만을 지닌 채 서민들의 마음을 사로잡아왔다.

북관 지방에 유배되었던 유계(俞啓)의 기록《시남집(市南集)》에 보면, 북관 변방의 가혹한 징병을 기피하기 위하여 아들을 낳으면 부모들이 붙들고 자궁시키는 것이 보편화된 풍조였다. 낳던 바로 그 날 아들을 군적(軍籍)에 올리고 군포(軍布)를 받으러 오는 바람에, 낳은 지 사흘 만에 부모가 그 아들을 거세하고 그의 어머니는 거세된 고추를 들고 관가로 달려가 군적을 제적시켜 달라고 애소하였다는 기록이 있다.

별난 성인식

등살 뚫고 새끼를 꿰는 시련

삼한(三韓)에는 별난 습속이 있었다. 관가에서 성(城)을 쌓는데 건장한 소년들을 동원하여 그 소년들의 등가죽을 뚫고, 거기에 굵은 새끼를 꿰어 새끼 끝에 한 길이나 되는 나무를 묶은 다음 종일 구령을 부르며 힘을 비축한다 했다. 그런데도 아파하지 않았으며 모두들 튼튼해지기 위해 이를 권장받는다 했다.

거의 같은 기속을 적은 기록이 《후한서》에도 보인다. 한(韓)나라에서는 소년들이 집을 지을 때 등가죽을 뚫고 새끼를 꿰어 힘을 모두고 그 새끼에 큰 나무를 묶어 구령을 붙이며 일을 하게 했다고 한다.

앞에 나온 기록과 뒤에 나온 기록의 차이는 관가에서 성을 쌓는 데 그들을 사역시켰다는 대목과 소년들이 그들 집을 짓는 데 사역했다는 점이다.

이를 두고 학자들은, 첫째 이상의 기속을 적은 문헌들이 중국 것이기에 전문(傳聞)한 것이고, 둘째 삼한은 국읍(國邑)에 겨우 주사(主師)만 두었을 뿐이어서 잡거(雜居)를 하고 통치가 안 되었으며 기강도 없었다 하였고, 셋째 고구려 등 북방에서 성을 쌓았다는 기록도 없고, 삼한 시대의 성터가 발견되지 않았다는 점 등을 들어, 관가가 성을 쌓는 데 소년들을 사역시켰다는 것은 신빙성이 부족하고 소년들의 집을 지었다는 후의 기록이 보다 믿음이 간다고 했다.

소년들의 집은 바로 결혼 전의 젊은이들이 모였던 집회소로서 원시 사회에서 어느 부족이나 미성년들의 집회소가 있었던 사례와 대비시킨 것이다.

청년 집회소는 원시 부족의 마을 안에 있는 가장 크고 넓은 공공 시설로서 마을의 공유물이며 회의소요, 바깥 손님이 오면 여관이 되고 또 그 마을 미성년들의 집단 숙소가 되기도 했다.

또 부족간의 싸움, 사냥 등에서 얻은 명예로운 기념품, 전래의 보물, 제구(祭具), 그들이 신앙하는 우상이나 그림도 이곳에 보존했다.

이 청년 집회소는 신성한 경지로 정해져 있어 여자는 아예 드나들 수가 없고 청소년도 고된 시련이 따르는 가입 의식을 거치지 않으면 드나들 수 없는 금녀(禁女)의 집이기도 했다. 또한 청소년을 모아 마을을 자위하기 위한 전술 훈련의 막사이기도 했고, 마을 종교의 제사(祭舍)며 신락(神樂)의 극장이요, 또 이따금 본래의 목적과는 정반대로 음탕하기 이를 데 없는 성(性)의 전당이 되기도 했다.

 소년이 성년(成年)이 된다는 것은 원시 사회에서 가장 중요한 인생 행사였다. 문명 사회에서 결혼보다 더 중요했다. 그 이유는 첫째 노동력에 있었다. 반품에서 온품으로 인정받는 것이었으며, 마을의 자위에 참여하는 의무가 주어졌고, 아이를 낳을 수 있는 공인을 받게 되었으며, 공동 사회에서 소외되지 않은 한 단위가 되기 때문이었다.

 그러기에 성인이 되기 위해서는 의식이 따르고, 그 의식에는 성인이 갖추어야만 하는 힘과 담력과 용기와 인내를 테스트받는 시련이 반드시 따랐다.

 이를 성인식(成人式)이라 하며 그 유습은 문명 국가에도 많이 남아 있다. 우리나라에서도 관례(冠禮)라 하여 성인식을 유추할 만한 의식이 있었으나 문명화되면서 결혼 의식과 합쳐져 지금은 흔적조차 찾아볼 수가 없다. 그러나 근대까지 농촌의 농민 단체인 농사(農事)가 청년 집회소와 비슷한 역할을 해 왔고, 농사에의 입사식(入社式)이 성년식과 그 시련의 흔적을 유지해 왔던 것이다.

송학맴 · 매화맴 · 사꾸라맴

일제 시대에만 해도 마을 밖 숲거리나 정자나무에는 사시사철 외줄 새끼가 매어져 있었다.

장정, 즉 성인이 되고 싶은 마을 총각들은 이 외줄 새끼에 매달려 맴춤 시련을 겪어야만 했다. 이 새끼에 성인이 되고 싶은 피시련자(被試鍊者)가 매달리면 새끼를 마구 꼬아 맴돌게 하고, 맴도는 이 외줄 그네를 밀어 스윙시켰다. 그리고 이 맴춤 끝에 현기증이 나서 땅에 떨어지면 다시 타야 했다.

첫째 맴은 화투의 달수에 따라 송학맴이요, 둘째 맴은 매화맴이며, 셋째 맴은 사꾸라맴이라 불렀다. 이 세 맴까지 비틀거리지 않으면 성인으로 급제를 하고 급제하면 참례라 하여 술상을 차려 선배 장정에게 술대접을 했다.

참례 끝에 총각은 장정 대접을 받고 이전에 받던 반품에서 온품으로 받으며 호칭도 생원 · 주사 등 경칭이 붙었다. 또 마을의 집회소인 사랑방에 출입할 권한도 받게 되었다.

그러나 이 시련을 못 겪거나, 겪었더라도 너무 가난하여 과중한 참례 잔치를 베풀지 못하면 늙어도 아이 취급을 받아 품도 반품이고 동네 아이들의 반말 놀림도 감수할 수밖에 없었다. 따라서 아무도 딸을 주려 하지 않았으므로 보통 홀아비로 늙기 마련이었다.

고대의 성인식 풍습

❖ ❖ ❖

지방에 따라 또 시대에 따라 성인식의 시련은 다양했다.

양주 지방에서는 백운대 정상의 뜀바위에서 이 성인의 시련을 겪는 풍습이 있었다. 지금은 쇠다리가 걸려 있는 이 두려운 바위의 단애 틈을 함성을 지르며 세 번 뛰어 건넘으로써 성인으로서의 용기를 인정받았다. 그래서 이 바위 이름이 결단암(決斷岩)이라 불려 내린 것이다.

이 시련대에 아들 또는 미래의 사위, 약혼자를 올려보낸 부녀자들은 참례의 주안상을 차려 들고 그 험하고 높은 결단암 밑까지 올라와서 세 번 계속될 함성 소리를 마음 졸이며 기다렸다. 이 지방의 수심가 가운데 뜀바위의 함성 소리를 못 듣고 내려오는 실망한 어머니와 낭자의 처량한 심정을 읊은 대목이 있기도 하다.

호남 지방에서는 정자나무 밑에 돌을 놓고 그것을 들어 올리는 것으로 성인의 시련을 겪게 했다. 무거운 돌을 쳐들고 와들와들 떨고 있는데, 이 성인식의 집사는 피시련자의 바지를 걷고 종아리를 쳐댄다.

근대에는 온품을 받는 경제적 가치, 마을에서의 사교, 그리고 결혼할 조건으로서의 시련이지만 고대에는 마을을 자위하는 전사단(戰士團)이요, 마을의 방위나 공공의 사역단(使役團)으로서의 의무가 주어졌으므로 보다 시련이 가혹하고 기간도 길었다.

이와 같은 고대 성인식 풍습은 주로 남방에 사는 민족간에 퍼졌던 습속으로, 일본이나 대만에서도 채집되고 있으나 북방계 문화에서는 찾아볼 수가 없다. 삼한 시대에 이 풍습이 있었음은 원시적 성인식 습속 분포의 상한선으로서도 이해할 수 있다.

이와 같은 청년 집회소는 약 2~3백여 년 후인 신라 화랑(花郞)의 원천으로 간주되기도 한다. 청년 집회소의 집약적 핵심으로 화랑을 추대하고 집회소의 청소년 멤버가 풍류·오락·신제(神祭)·전사단(戰士團)·국토 방위의 원시적 청년 집회소의 기능을 다했던 데 이 같은 추리를 가능케 하고 있는 것이다.

파랑새로 나타난 관음화신

관음(觀音)의 메신저

 가난한 초부(樵夫)의 오누이 티르티르와 메티르가 찾아 헤맸던 파랑새는 결코 붙잡을 수 없는 행복으로 북구(北歐)에서 상징되고 있다. 남구(南歐)의 파랑새는 동경하는 아름다운 여인으로 상징되고, 중국의 파랑새는 서왕모(西王母)의 사랑의 천사였다.
 은요번(殷堯藩)의 《궁사(宮詞)》에 의하면, 실제로 파랑새의 발에 편지통을 달아 사랑하는 사람과 애전(愛箋)을 주고받았다고도 한다. 서양의 파랑새가 행복의 사자(使者)요, 중국의 파랑새가 사랑의 사자인 데 비해, 한국의 파랑새는 자비(慈悲)의 사자였다. 자비문(慈悲門)을 다스리는 관세음보살의 화신으로서

파랑새가 표현되었다.

원효대사는 한국 관음 신앙의 성지인 낙산(洛山)을 찾아가는 도중에 이 관음의 화신으로부터 두 차례에 걸친 신앙의 시련을 받는다.

처음엔 남교(南郊)의 논두렁을 가는데 한 아름다운 백의 여인이 벼를 베고 있는 것을 만난다. 원효는 그 여인에게 유혹되어 희롱을 하고 그 여인에게 벼를 달라고 한다. 원효의 이 소행은 시련의 첫 관문에서 이미 실패를 한 것이다.

둘째 시련은 다리 아래를 건널 즈음, 한 여인이 월수천(月水泉, 月經帶)을 빨고 있는 장면에서 당한다. 때마침 갈증이 심했던 원효는 그 여인에게 먹을 물을 청하게 된다. 여인은 월수천을 빤 오수(汚水)를 퍼준다. 원효는 그 물을 받아 마셨어야만 시련에 통과하는 것이었는데, 이를 버리고 맑은 물을 떠먹는다. 두 번째 시련에서도 실격한 것이다.

원효가 신앙의 시련에 실격하자 들 가운데 있는 한 소나무에서 파랑새가 '휴제호화상(休醍醐和尙)'이라고 욕지거리를 하며 날아간다.

제(醍)는 불성(佛性)이나 최상지극(最上至極)의 정법(正法)을 뜻하는 것이므로, 휴제호(休醍醐)라 함은 불성(佛性)을 멎은 중, 즉 파계승이란 뜻이다.

원효를 욕한 소나무 아래에는 신발 한 짝이 있었는데, 원효는 낙산사(洛山寺) 관음좌하(觀音座下)에 이르렀을 때 그와 똑같은 다른 한 짝의 신이 놓여 있는 것을 본다. 그리하여 자신을 욕한 파랑새나 월수천을 빨던 여인, 또 벼를 베던 여인이 모두 관음의 화신이요, 여인과의 성교 행위로 원효에게 상징적인 시련을 가했던 관음의 사자였던 것을 알게 된다.

원효는 다시 관음굴에 들어가 진용(眞容)을 보려했으나 풍랑이 크게 일어 끝내 볼 수가 없었으니 관음이 파계승을 소외시키는 과정임을 알 수 있다.

이 관음굴의 우화는 원효대사의 현성(縣性) 세계를 엿보여주는 것이기도 하려니와 원효대사의 정신 세계의 갈등을 우화적으로 표현한 것이기도 하다.

성지(聖地) '포타락'

파랑새가 낙산(洛山) 관세음보살의 화신임은 그 후 고려승(高麗僧) 익장(益壯)이 쓴 《낙산사기(洛山寺記)》에도 기록되어 있다.

그에 의하면 낙산 관음굴에 성심껏 기도하면 곧 그 응화(應化)로서 파랑새가 나타난다고 말하고, 그 한 실례로서 고려 명종 때의 명무신(名武臣)이요, 불심이 독실한 유자량(庾資諒)이 이곳에 와 기도하자 파랑새가 꽃을 물고 나타나 유 장군의 머리에 떨어뜨렸다 한다.

또 조선 광해군 11년(1619년), 관음암 위에 관음상을 모실 전각을 세우고 상량할 즈음 파랑새가 날아와 상량을 누비며 춤을 추었다고 한다.

설악산 오세암(五歲庵)의 창사 설화(倉寺說話)에도 이 낙산의 파랑새가 등장하고 있다.

다섯 살 난 신동(神童)이 어느 해 겨울 이 절에서 혼자 지냈는데 그 동안 흰옷 입은 여인이 나타나 아이를 보살피고는 파랑새가 되어 낙산 쪽으로 날아가곤 했다고 한다. 관음화신을 파랑새에 연결시킨 가장 널리 알려진 설화이다.

지금도 낙산을 찾는 선남 선녀들은 관음에 치성을 드리면 그 치성의 대가로 파랑새가 나타나는 것으로 알고 있다.

대자대비 광대영감(廣大靈感)의 관음사상이 우리나라에 정착한 것은 신라 고승 의상(義湘)이 당나라로부터 귀국한 이후로 보인다. 관세음보살은 아미타불(阿彌陀佛)의 협시(脇侍)로 독립된 보살인데, 이승의 자비를 관장하는 보살이므로 중생이 현실 생활에서 당하는 모든 재난과 고난, 환난(患難)이 이 보살의 이름만 외워도 구제될 것으로 알려졌기 때문에 관세음보살 신앙의 민간 유포 및 침투, 관음사상의 체질화는 빠르고 확고하였다.

관세음보살이 살고 있는 곳을 '포타락(補陀洛)'이라 했다. 포타락은 온 세계에 일곱 군데가 있으며 각기 제나름의 영이(靈異)한 전설을 지니고 있다.

인도 남해변 포타라카실론에 있는 포타라, 중국의 보타산(普陀山), 티베트의 랏사, 만주의 보타락사(補陀洛寺), 그리고 한국 동해안 강릉의 낙산(洛山), 일본 기이반도(紀伊半島)에 있는 보타락(補陀落)과 시다노에 있는 니꼬(日光)가 그것이다.

관세음보살의 7대 영장(靈場) 가운데 하나인 낙산에 대해 《삼국유사》는, '옛적의 의상대사가 처음 당나라로부터 돌아와서 대비(大悲)의 진신(眞身)이 이 해변 굴 속에 있다는 말을 듣고 낙산이라 이름하였으니 이는 서역에 보타락가산(寶陁洛伽山)이 있는 까닭이다.' 하였다.

의상은 이곳에서 7일간 재계(齋戒)하여 용신(龍神)으로부터 여의주를 얻고, 다시 7일간 재계한 후에 관세음보살의 진용(眞容)을 본다.

그 보살로부터 계시를 받아 지금 낙산 위에 금당(金堂)을 짓고 보살의 상(像)을 모신 것이다.

이같이 한국땅에 정착한 관세음보살은 신라 백성들의 마음을 크게 사로잡았다.

관세음보살의 성지인 낙산은 중국 불교계에도 널리 알려졌던 것 같다. 고려 숙종(肅宗) 원년에 송나라 자은종(慈恩宗)의 고승 혜진(惠珍)이 고려에 와서 보제사(普濟寺)에 있었는데, 평생 낙산의 성굴(聖窟)을 보고 싶어했고, 끝내는 임금에게 성지 순례를 청원했는데 무슨 영문인지 조정에서 그것을 허락하지 않았다 한다.

이 태조의 증조부모가 낙산 관음굴에서 아들을 빌어 이태조의 할아버지를 낳았다 했고, 불교를 배척했던 이 태조도 대비를 거느리고 이 절에 와서 서원(誓願)을 하였으며 태종은 이곳에 종까지 만들어 놓았다고 한다.

고려의 조직폭력배 악소

상류 사회의 유한 악소배

고려조에는 '악소(惡小)'라 불리는 깡패가 많았다. 조직 깡패도 있었는데, 이 조직 깡패의 파워를 왕이나 세도가들이 이용하기까지 하였다.

악소에 관한 기록이 혼란했던 시대에 주로 발견된 것으로 미루어, 어느 시대를 막론하고 사회의 혼란과 깡패와는 밀접한 함수 관계가 있음을 알 수 있다.

《고려사》정국검전(鄭國儉傳)에 보면 정국검이 직접 악소들의 행패를 목격한 것이 기록되어 있다.

정국검의 집은 개성 수정봉(水精峰) 아래 자리잡고 있어 음침하고 험한 산길을 더듬어 올라가야만 했다. 그런데 그 길목에서 그는 맵시 고운 부녀자들이 산봉우리에 어울려 있다가 갑자기 달려드는 대여섯 명의 악소들에 의해 꼼짝없이 겁탈당하는 것을 종종 목격하였다.

어느 날 가사에 검은 베로 성장한 젊은 여인이 복면한 악당들에 의해 봉변을 당하는데 정국검이 차마 볼 수가 없어, 자신의 사위인 내시 이유성(李維城)과 동정(同正) 최겸(崔謙)으로 하여금 가노(家奴)들을 거느리고 가서 이 악당들을 잡아들이라고 시켰다.

그 중 세 놈을 잡아와 심문해보니 놀랍게도 대장군 이부(李富)의 생질을 포함함 권신 무신의 자제들이었다.

원윤(元尹) 벼슬 신여계(申汝桂)의 처 김씨도 비녀를 거느리고 가다가 악당 10여 명에게 겁탈을 당했고, 신여계가 그 사실을 김씨의 조카인 숙비(淑妃)에게 일러 이 악소들을 10여 리 밖까지 쫓아가 잡아오게 했었다.

열 명 가운데 단 하나만 잡아왔는데, 바로 당시 충숙왕(忠肅王)의 총애를 입어 그 세도가 하늘을 찌르던 권준(權準) 가문의 아이였다. 결국 순군(巡軍)들이 권준 가문의 세도를 두려워하여 다스리지 못했다고 한다.

이상의 사실로 미루어 여말의 어지러운 정치 및 사회 풍토에서 독버섯처럼 돋아난 악소배는 바로 권문의 자제라는 것을 알 수 있고, 이 악소를 잡아들였다 해도 권세 때문에 다스리지 못했으므로 차츰 늘어났을 것이 뻔하다. 그러기에 악소배가 조직적으로 파워를 형성하기에 이르렀고, 권력자들은 자기들의 정권을 보호하기 위해서 이 파워를 악랄하게 이용하였음을 알 수 있다.

악소 친위대

세자 때 공민왕을 원나라에서 모셨던 여세로 횡포를 부렸던 정승 조일신(趙日新)이 그의 횡포를 반대하는 기철(奇轍)·기륜(奇輪)·기원(奇轅) 등 명신들을 암살할 때 염리(閻里)의 악소들을 행동대로 삼았으며, 신구 제공(諸公)이 악소를 정치적 도구로 삼고 있다는 기록과 이고(李高)가 폭력에 의한 정치 참여를 위해 악소들과 음결(陰結)하여 대사가 이루어지면 이들에게 벼슬을 주겠다고 약속했다는 기록 등으로 미루어 악소 파워 이용이 빈번하였음을 알 수 있다.

정치 세력뿐만 아니라 권부에의 아부 세력으로도 이용됐었다. 박양연(朴良衍)은 충혜왕(忠惠王)이 신궁(新宮)을 지을 때 자금이 달리자 왕에 아첨하고자 악소들을 동원하여 민가의 우마를 폭력으로 징발해다가 목재를 운반하고 그 대가로 민가의 약탈을 허락받았다.

이 같은 조직 깡패의 파워 이용이 상습화된 데에는 충혜왕 스스로가 악소 파워를 자신의 친위 파워로 이용했던 데 상관 관계가 있다.

  방탕·방종했던 충혜왕은 자신의 방종을 돕는 특수한 계층의 신하 조직이 필요하다고 생각했는데, 그의 주변 모든 사람이 그의 행동에 저항하거나 묵인하거나 소극적이기에 친위 행동대를 조성한 것이었다.

엽색 사병으로도 이용

  충혜왕 4년 중추날 신궁루(新宮樓)에서 잔치를 베푸는데 한 간신이 왕에게 다음과 같은 말을 건넸다.

  "남의 집안일을 가보지 않고도 아는 것은 맹인과 무녀보다 더 나은 것이 없으니 성상께서 만약 미녀를 구하려면 이 무리들에게 물으소서."

  왕은 좋은 아이디어라 하여 그의 엽색(獵色) 행동대인 악소배들을 시켜 맹인과 무녀들을 모조리 잡아오도록 했다.

  악소배들은 자기들을 보호해 주고 있는 왕의 권위를 빙자하여 월권 행위를 저질렀다.

  이를테면 충혜왕 4년 겨울 밤에 악소배인 봉골(鳳骨) 등 3명이 거짓으로 임금의 하명이라 하고, 주부(注簿) 벼슬인 공보(孔甫)의 집에 들어가 그의 처를 남편이 보는 앞에서 윤간한 사건 등이 그것이다.

그 해 원(元)나라에서는 이 패륜의 임금을 잡아가기 위한 밀사를 보냈는데 충혜왕은 영문도 모르고 이 밀사를 출영하러 나갔었다. 이때 왕을 시위(侍衛)하고 간 것은 깡패들이었다. 《고려사》의 이 대목 기록에, 왕을 묶은 다음 맨 먼저 도종(徒從)한 악소배를 모조리 잡았다는 것은 이 깡패 정치의 말로를 입증해 주고 있다.

충혜왕은 매사냥 등 출타할 때는 반드시 악소배를 데리고 다녔고, 고신(告身)이라는 일종의 임명장을 주어 특권을 부여하기까지 하였다.

주권자인 왕의 그늘 아래에서 무도한 깡패들의 횡포는 여염집의 닭과 개를 잡아먹는 데서부터 부녀 및 재화의 약탈에 이르기까지 매우 혹심하였다.

이에 이조년(李兆年)이 소(訴)를 올려 시정을 촉구하였고, 조익청(曺益淸)은 조직 깡패의 두목인 송팔랑(宋八郎)·홍장(洪莊) 등을 잡아 가두어 처벌하려 하였으나, 이들을 비호하는 충혜왕은 오히려 조익청을 제주안무사(濟州按撫使)란 외직으로 좌천시켰다.

이 깡패의 폐단에 눈을 뜬 충숙왕은 소극적으로나마 단속을 시작하여 송팔랑·홍장 등 악소배 두목을 잡아 가둔 일이 있고, 충목왕(忠穆王) 때에 이르러서는 악소의 신분 보장인 고신을 거두어들임으로써 조직 깡패를 불법화시켰다.

조선 태조의 외손자인 삼선(三善)·삼개(三介)가 악소들을 모두어 북변(北邊)을 횡행했다는 기록을 보면 조선 초기까지도 조직 깡패가 있었으며, 그 후 조혼 습속이 국속(國俗)으로 되면서부터 깡패가 될 수 있는 연령적인 여유를 갖지 못하여 저절로 스러져 버렸음을 알 수 있다.

한인 노예시장

고려판 엄마 찾아 삼만 리

한반도에 외적이 침략한 목적 가운데 역사적으로 공통된 것은 한국인을 포로로 잡아다가 노예 시장에 팔아먹기 위해서였다. 호란(胡亂) 때는 만주 심양(瀋陽)에 조선인 노예 시장이 섰고, 왜란 때는 포르투갈인이 중개하여 마카오와 인도 고아에서 조선인 노예 시장이 섰다.

고려 때 자주 침략했던 원구(元寇)도 예외가 아니었다. 침략할 때마다 대거 몰고 간 고려인들을 심양과 동경(東京, 지금의 북경)에서 매매하였다. 그리하여 노동력으로 혹은 화첩(花妾)으로서 중국 대륙에 번져 나갔던 것이다. 용기 있는 피랍자 가족들은 빚을 내고 돈을 모두어 이역만리의 혈족을 속환해 내는 많은 눈물겨운 이야기를 남겨놓았다.

강릉의 김천(金遷)도 눈물겨운 이야기의 주인공 가운데 한 사람이었다. 고려 고종(高宗) 42년, 몽고군이 침입했을 때 강릉 호장(戶長) 김종연(金宗衍)의 처 김씨와 두 아들 가운데 작은 아들인 김덕린(金德麟)이 원군의 민간인 포로로 잡혀갔다. 그때 맏아들 김해장(金海莊)은 15세였다. 고려의 피로인(被虜人, 후에 김천으로 개명하였음)들이 끌려가는 도중 굶주려 죽었다는 말을 듣고 해장은 상례(喪禮)를 치르고 까맣게 잊고 지냈다.

그런데 14년 후 김해장의 나이 29세 때 강릉 시장에서 다음과 같은 일이 있었다. 원나라 사신으로 따라갔다가 돌아온 김습성(金習成)이란 사람이 시장 사람들을 모아놓고 사람을 찾았다. 원나라 동경에서 강릉 사람 김씨라는 여인의 편지를 가져온 그는 그녀의 아들 해장을 아느냐고 물었다.

사흘 동안 외치고 다녔는데 때마침 해장의 친구로 정선에 사는 김순(金純)이란 사람이 이 말을 듣고 편지를 받아 해장에게 전해주었다. 편지에는 해장의 어머니 자신은 원나라 동경에서 떨어진 북주(北州)의 천로채(天老寀)에서 요좌(要左)라는 청인 집 비녀살이를 하고 있으며, 아들 덕린은 그 집에서 서쪽으로 백 집쯤 떨어진 집에서 종노릇을 하고 있다 하였다. 해장은 어머니를 돈으로 속환할 결심으로 대금업자에게 백금을 빌려 송도로 달려갔다. 조정에 가서 어머니를 찾게 해 달라고 애소(哀訴)했으나 거절당하고, 다시 충렬왕이 원나라에 간다 하여 따라

가게 해달라고 재차 간청을 했으나 그마저 거절당했다.

거리에서 자면서 원나라에 가는 편을 찾아 헤매다가 자기 형이 동경에 간다는 효연(孝緣) 스님을 만났다. 해장은 이 스님에게 울며 매달렸다. 효연 스님의 형 천호효(千戶孝)는 이미 어머니의 편지를 받은 지 6년이 지났으니 아직까지 살아 계실지 의문이고, 멀고 험한 길이므로 중도에 적을 만나면 돈도 빼앗기고 몸도 상하기 일쑤라면서 만류하였다.

하지만 해장은 무작정 따라나섰다. 의주에서 압록강을 건널 때 세 번이나 밀도강(密渡江)으로 걸려 반 년을 머물기도 하면서 마침내 동경에 이른 해장은 한국 말을 잘하는 별장(別將) 공명(孔明)을 찾아가 통사정을 하고 북주의 천로채로 갔다. 늙고 누추한 한 비녀가 나타나 신분을 묻는 말에 자신은 고려땅 강릉 호장 김자능(金子陵)의 딸로 오빠가 진사 김용(金龍)이라는 것과 호장 김종연에게 시집 가 아들 둘을 낳았는데 그 이름이 해장과 덕린이며 갓 낳은 덕린은 같이 잡혀와 지금은 스무 살인데 이웃에서 종노릇을 하고 있다 하였다. 참으로 눈물 겨운 해후였다.

그런데 이 비녀의 주인인 요좌는 그녀를 풀어주려 하지 않았다. 해장은 동경으로 돌아가 그를 동정하는 별장 수룡(守龍)의 집에 한 달 동안 머물면서 요좌를 설득하길 수십 번 하여 백금 오십 량(兩)으로 속환해 냈으나 가져온 돈이 모자라 아우 덕린은 속환하지 못했다.

때마침 고려의 중찬(中贊) 김방경(金方慶)이 외교 사신으로 동경에 와 있다가 이 효자의 지성에 감동한 나머지 말 한 필을 사주고 원나라 관부(官部)에 말하여 관역마다 침식과 호송을 보장해 주었고 본국에서도 편히 돌아갈 수 있는 서찰을 써 주었다. 남편 김종연은 진부(珍富)까지 마중나왔고 80세가 가까워진 친정아버지는 20년 만에 딸을 보고 땅에 뒹굴며 기뻐하였다고 야사(野史)에 기록되어 있다. 덕린은 다시 6년 후 백금 86냥으로 속환해 돌아옴으로써 이 외침이 가져온 비극은 해피 엔드로 끝났다.

중국의 신라 목동군

한때 남해와 현해탄을 비롯하여 동남지나해의 패권을 잡았던 장보고도 소년 때 당나라의 해적에게 잡혀갔거나 당나라의 인신 상인에게 팔려갔던 가엾은 소년이었다. 그는 남해의 외딴 섬에서 어부의 아들로 태어나 많은 다른 소년들과 함께 인신 노예 시장이 상설되어 있는 당나라 등주(登州)에서 노예 생활을 했다. 그는 팔려간 신라 사람들이 사는 신라방(新羅坊)을 찾아가던 도중에, 잡혀와 그곳에서 목동으로 일하고 있는 많은 한국 소년들을 만나게 되었다. 장보고는 그 소년들로부터 납치당하게 된 이야기를 들었다.

"어두운 밤이어서 얼굴을 알 수는 없었습니다만 붙잡혀 나온 것은 저희들뿐이 아니었습니다. 조그마한 배에 실려 저희들은 그날 밤 바다 한가운데서 기다리고 있던 큰 배로 옮겨졌고 끌려온 곳이 여기였습니다."

15명의 목동들이 함께 잡혀오다가 배에서 세 명이 죽는 바람에 바다에 던져졌고 나머지 12명은 사역을 당하고 있다 했다.

장보고가 분발하여 바다의 패권을 잡고 왜구, 당구(唐寇)를 다스리는 한편, 모든 해운을 독점한 것도 물건처럼 약탈당해 노역을 당했던 자신과 많은 신라인에 대한 통탄과 분발에서였다. 왜구나 당구는 사람의 두뇌가 배를 발명한 이후부터 있어 왔던 한국의 비극이었으며, 이들이 노리는 것은 재물보다 가장 값진 부(富)의 단위였던 노동력으로써의 노예, 즉 인간 사냥에 있었던 것이다. 그러므로 당시 전쟁은 영토 확대보다 노예 획득에 더 목적이 있었다.

비싼 몸값

지금으로부터 천여 년 전에 충청도·전라도·경상도 땅에는 마한(馬韓)·진한(辰韓)·변한(弁韓)이라 일컫는 삼한(三韓)의 74부족이 살고 있었다. 한 부족에 평균 2천 호의 집들이 있었으나 1만 호가 넘는 큰 부족도 있었으니 요즈음 한 면(面)이나

군(郡)의 크기로 부족을 이루고 산 셈이다. 이 부족의 어른인 추장을 장수(長帥) 또는 거수(渠帥)라고 불렀다. 요즈음도 힘 센 사람을 장수 또는 장사라고 일컬음은 이 옛말에서 어원을 찾을 수가 있다.

서기 20년쯤 되던 지금 경상도 쪽인 진한의 한 거수에 염사치라는 사람이 있었다. 이 추장은 낙랑의 토지가 아름답고 백성들이 부유하게 산다는 말을 듣고 도망해 나와서 그곳에 항복하기 위해 자기의 부락을 나왔다. 가는 도중 그는 밭 가운데서 참새를 쫓고 있는 남자를 보았다. 그런데 그 사람의 말이 한(韓)나라 사람의 말이 아니었다. 염사치가 그 까닭을 묻자 그 남자가 말하기를, "우리들은 한(漢)나라 사람인데 이름은 호래(戶來)라 하오. 우리들 천오백 명이 나무를 베다가 한(韓)나라 사람들에게 붙들리는 바람에 모두 머리를 깎이고 노예가 된 지 3년이 되었습니다."라고 하였다. 염사치가 묻기를, "나는 지금 한(漢)의 낙랑에 항복하러 가는 길인데 그대도 같이 가겠는가?" 하니 호래는 같이 가겠다고 하였다.

이에 염사치는 호래를 데리고 함자현(含資縣)에 가 그곳에서 낙랑군에 보고하였다. 낙랑군은 즉시 염사치를 통역으로 삼아 잠중(岑中)으로부터 큰 배를 타고 진한으로 들어가서 전에 호래와 함께 항복한 무리를 빼앗게 하였다. 그런데 오백 명은 이미 죽고 없어 천 명만 얻을 수 있었다. 이에 염사치가 진한에 타이르기를, "너희는 오백 명을 돌려 보내라. 만약 그렇지 않으면 낙랑에서 군사 일만 명을 보내어 너희를 칠 것이다."하였다. 진한에서 이 말을 듣고 말하기를, "오백 명은 이미 죽었으니 그 대신 배상을 하겠다." 하고 진한 사람 만 오천 명과 변한에서 나는 포목 만 오천 필을 내놓으니 염사치는 이것을 받아 가지고 돌아갔다.

한국인의 값이 중국인의 30분의 1이 된 이 비굴의 역사는 고대 적부터 시작되었으며, 그 후 산발적인 외구(外寇)와 전쟁이 있을 때마다 한국인은 이처럼 이산(離散)되어 무수하게 흩어져 가 외국에 동화되었던 것이다.

고려촌의 슬픈 이야기

◆　◆　◆

팔려간 한국인들은 서로 같은 피끼리 구심하여 곳곳에 고려촌을 이루고 살았으며, 그 고려촌에는 15대까지 한국인의 순수한 피를 지키며 살고 있는 사람도 있었다.

이 한국인촌을 고려보(高麗堡)라고 불렀다. 박지원(朴趾源)이 중국에 갔을 때 고려보에 들렀던 일을 상세히 기록하였다. 집들은 모두 띠 이엉을 이어서 몹시 쓸쓸하고 검소해 보였으며, 누가 거기라고 일러주지 않아도 대뜸 알 만하더라는 것이다.

관동 천리에 논이라고는 찾아볼 수 없으나 다만 이곳에만 있어 물벼가 자라고 있고 떡이나 엿이 본국 것 그대로였다. 한국의 사신이 이곳에 오면 그 일행이 밥을 사먹더라도 값을 받는 일이 없었고, 여인들은 내외할 생각도 잊고 고국 얘기를 묻기에 분주하였으며, 혹시 고향 얘기에 미치면 곧잘 돌아앉아 울곤 했다는 것이다.

한데 조선 후기에 들어서는 이 친절을 악용한 사신의 하인들이 주식(酒食)을 토색해 먹고 의복이나 재물을 요구하거나 약탈하기도 했으며, 고국 얘기로 눈물을 흘리게 해 놓고 그 틈에 물건을 훔치는 일까지 있어 고려보 사람들은 그리운 한국의 사신 일행을 기피하게 되었다 한다.

박지원이 열하(熱河)에 갔을 때만 해도 이 고려보를 지날 때 주식을 감추고 팔지 않았으며, 간곡히 청하면 마지못한 듯 팔되 비싼 값을 달라 하고 혹은 값을 먼저 받곤 하였다. 그럴수록 하인들은 백방으로 속여서 그 분풀이를 하였으므로 서로 상극이 되어 마치 원수 보듯 했다 한다. 하인들은, "너희 놈들 조선 사람의 자손이 아니냐. 너희 할아비가 지나가는데도 어찌 나와서 절하지 않느냐." 하고 욕을 하면 고려보 사람들은 문을 잠근 채 속에서 욕으로 응수하고는 했다고 한다.

부형야사(釜刑野史)

몽고병의 살인술

고려 사람들은 초기에는 거란군의 잇달은 침입으로 거란 공포에, 중기에는 원나라의 잇달은 침입으로 몽고 공포에 사로잡혀 살았다.

약탈·납치·강간·방화 등 침략자의 상투적 행패에 대한 공포 이외에도 고려 사람들은 보다 원천적인 공포에 사로잡혀 있었다.

이 북방 침략자들의 횡포 가운데는 솥찜질이라 하여 끓는 솥물 속에 사람을 처넣고 증살(蒸殺)하는 습성이 있었기 때문이다. 아버지나 오빠 그리고 처자식을 솥 속에 쪄 죽이는 것을 묵묵히 지켜보고 서 있어야 했던 혈육이나 그 후손들의 기억 속에 이 사실이 몸서리치게 구전되어 내려왔다.

이 부형(釜刑)에 대한 구체적인 기록은 없으나 구전 설화 민속으로 충분히 입증할 수 있으며, 그것이 거란이나 몽고군이 자행했던 습속의 잔류임은 몽고의 국형(國刑)에 부형이 있었다는 기록과 그리고 부형의 증살을 했다는 구전으로 입증할 수가 있다.

몽고군의 증살은 그들이 대마도에 침입했을 때 그곳 주민을 솥 속에 넣어 끓여 죽였다는 일본 기록을 볼 때 고려 사람이라 해서 솥 속에 넣어 증살하지 않았다고 볼 수는 없다.

박은식(朴殷植)의 《한국통사》에 보면, 한말 군대 해산 후 전국에서 일어난 의병 항쟁 때 일본군이 의병을 잡으면 끓는 물에 넣어 튀겨 죽이거나 그와 같은 수법으로 고문을 했다 한다.

이 외래 풍습인 솥찜질은 혹독한 사형 방법으로 전래되어 왔으며, 공공물에 손해를 끼친 죄인에게 공개 솥찜질을 적용함으로써 백성들의 마음을 후련히 풀어주는 기속을 우리나라에 정착시킨 것이다.

종로 네거리의 솥찜질

솥찜질을 당한 사람에게 만약 아들이 있다면 그는 아비 없는 아들인 셈이다. 그런 이가 주막에서 술을 마셨다면 주모는 망인

에게 술을 팔았다고 말한다. 그 아내가 아이를 가졌으면 과부가 아이를 가졌다 하여 비웃음거리가 되고, 그런 이가 장에 나오면 광목 여덟 자가 걸어다닌다고 말했다. 있는데도 없다고 하고, 살아 있는데도 죽었다고 한다.

그런 괴기한 인간들이 한말까지만 해도 더러 있었다. 일종의 인간 파문을 당한 '리빙 데드'인 것이다.

옛 한국인은 이승과 저승 사이에 흥미 있는 공간을 설정하였다. 그 공간은 완전히 죽을 수도 없고 완전히 살 수도 없는 공간으로, 그곳에서 반사반생(半死半生) 상태로 있는 것을 지옥에 가는 것보다 더 불행한 상태로 인식하였다. 그러기에 이 공간에 산 사람 또는 죽은 사람을 들여놓음으로써 가혹한 벌을 주는 것으로 알았다.

살아 있는 사람을 어떻게 이 공간 속으로 파문시키느냐에서 기속이 탄생했다. 주로 관리로 독직을 하였거나 횡령했을 때 이 관리에게 통속적인 사형을 가하는 풍습이 있었다.

혜정교(惠政橋)는 광화문에서 종로로 통하는 빈번한 다리 가운데 하나였으며, 1926년에 길을 고쳐 닦을 때 그 다리 이름을 복천교(福泉橋)라 고쳐 그 일대를 지금도 복천골이라 부르고 있다.

《동국여지승람》에 보면 다음과 같은 글이 실려 있다.

'십자각(十字閣) 다리를 지나 경복궁 성 안 동쪽가에서 흘러내린 물과 합하여 중학(中學) 앞에 있는 중학다리를 거쳐 남으

로 흘러 혜정교에 이르는데 관원으로서 재물을 탐한 자를 이 다리 위에서 삶는다.'

서울의 옛 지지(地誌)인 《한경식략(漢京識略)》에도 '국법에 탐욕이 있어 남의 것을 잘라먹는 관원은 이 다리에서 팽형(烹刑)에 처했다.'했다.

자형(煮刑)이라고도 했던 팽형은 글 뜻으로 보아 물에 삶아 죽이는 형이기에 비정적이고 끔찍할 수밖에 없다. 서정쇄신을 범하여 나라의 재물이나 백성의 재물을 탐람하는 자를 물을 끓여 삶아 죽이는 공개형을 가한 것이다.

전기 두 문헌으로 미루어 삶아 죽였는지 또는 삶는 시늉만 했는지는 알 길이 없다. 아무튼 그 형장(刑場)이 혜정교 다리 위였다는 점은 그곳이 장안에서 유수하게 번화한 거리였다는 점에서 공개적인 성격을 띠었다는 사실과 바로 그 다리 이웃이 우포도청(右捕盜廳)의 감옥이 있었다는 지리(地利)를 이용한 것만은 틀림없는 것 같다.

악리(惡吏)를 솥에 삶는 공개형이었으니 스릴도 있고, 또 백성의 원한을 풀어주는 통쾌감도 수반되었음직하다.

이 팽형은 한말까지 잔존했던지 한말 서울에 와 형정(刑政)에 관여했고, 후에 경성형무소 소장을 역임했던 나가바시란 일본인의 《조선의 형정》 속에 그 팽형 견문이 적혀 있다.

'제재형의 일종으로 팽형이라는 게 있었다. 일명 자형이라고도 한다. 그 형명(刑名)으로 보면 사형보다 혹심한 최대 최중의

극형처럼 보이지만 실은 생명형도 신체형도 아니고 오히려 희극을 보는 듯한 느낌마저 드는 행형이다.'

이 팽형은 관리들의 독직 행위에만 국한되어 가하는 제재형으로 그 집행 방법은 다음과 같다.

임시로 종로의 사람 많은 다리 위에 커다란 아궁이를 크게 구축하고 그곳에 큰 가마솥을 건다. 그리고 그 아궁이에 불을 지필 수 있게끔 나무를 지펴 놓는다. 이 아궁이 앞에 병풍을 치고 군막(軍幕)을 둘러 재판석을 만든다. 재판석에는 입회하는 포도대장이 앉게 된다.

이같이 준비가 갖추어지면 포도대장이 엄숙히 나와 앉고, 죄인이 대령하면 죄인을 가마솥의 나무뚜껑 위에 묶어 앉힌다. 이 죄인에게 포도대장은 엄숙하게 죄명을 선고하고 처형을 하명한다.

대개 형 집행은 포도대장의 판결 선고가 끝나면, 그것으로 형이 끝난 것으로 간주되나 때로는 그 가마솥에 미지근한 물을 담아 그 속에다 죄인을 틀어 처박기도 한다. 또는 그 빈 솥에 죄인을 몰아넣고 솥뚜껑을 닫은 다음, 아궁이에 불을 때는 시늉만 하고 그치는 경우도 있다.

이 팽형 집행의 차이가 독직 관원(瀆職官員)의 죄량에 따라 달라진 것인지 편의상 그렇게 하는지는 알 길이 없다. 다만 이 형집행으로 미루어 형을 집행한다기보다 공중이 널리 보는 가운데 베풀어지는 면박의 한 요식 같다는 인상이다.

그러나 팽형을 당한 사람은 비록 생명은 유지될망정 마치 사형당한 사람처럼 여생을 살지 않으면 안 되었다. 일단 이 팽형의 행형이 끝나면 물에 젖은 죄인을 가마솥에서 끌어내어 죄인의 가족에게 인도한다.

인도될 때 이 죄인은 산 사람처럼 행동해서는 안 된다. 마치 뜨거운 물에 증살된 시체처럼 행세해야만 한다. 인도받은 가족들도 호곡을 하며 마치 죽은 가장을 대하듯 슬퍼해야 하고, 또 상례(喪禮)에 준하여 인도받아야 한다. 이 살아 있는 시체를 집으로 운반할 때도 대성통곡을 하며 뒤따라가야 한다.

그리고 일단 집에 옮겨오면 살아 있는 시체의 신분이나 지체에 알맞는 응분의 상례를 마치 죽은 사람과 똑같은 절차대로 치른다. 이 상례가 끝나면 이 독직 죄인은 공민권을 박탈당하고, 공식적으로는 그의 친지나 친척과도 만나서는 안 되게끔 돼 있다. 오로지 집안에 갇혀 가족하고만 살아야 했던 것이다.

외국 사람이 보면 합리적인 의미에서 행형(行刑)이 아니라고 할 것이다. 왜냐하면 체형(體刑)이 아니기 때문이다. 그러나 얼굴과 이름과 가문의 명예가 목숨보다 중요한 한국인에게는 체형보다 한결 가혹한 중형임에는 틀림없다. 그리하여 한국 사회 질서의 뼈대를 이루어왔던 향약(鄕約)의 벌칙에도 체형보다 명예형을 한결 무거운 형벌로 다루고 있다.

실례로서 율곡(栗谷) 이이(李珥) 선생이 정한 향약의 위반에 대한 벌칙을 보면, 선비와 장자(長者)·천민(賤民)별로 같은 위약에 대한 벌칙을 달리하고 있다.

상벌(上罰)의 경우 선비는 '동네 뜰에 오래 세워둠으로써 수치심을 일으키고 회식 때는 가장 말석에 따로 앉히는 것을 벌로 삼는다.' 했고, 장자는 '만좌면책(滿座面責)'이라 하여 '여러 사람이 앉아 있는 가운데 면책을 한다.' 했으며 천인(賤人)은 '태(笞) 40대를 때린다.' 했다. 이처럼 태를 때리는 것보다 만좌면책을 하고 동네 뜰에 세워두어 수치심을 일으키게 하는 것이 한결 더 중벌임을 알 수 있다.

이 만좌면책이 중형임은 비단 향약에서뿐 아니라 보부상 단체나 무당들 조합인 풍류방(風流房) 그리고 기방인 권번에서 체벌보다 상벌로 쳤다는 점에서도 알 수 있다. 보부상 단체에서는 입단할 때, 단체 규약 위반시에는 '만좌(滿座) 앞에서 아버님의 이름을 쓴 종이를 태운 재를 물에 타 마시겠습니다.' 하고 서약을 했다.

그리고 노량진 풍류방에서는 남의 단골을 빼앗은 무당으로서 재범일 때는 그 거주지에서 추방하는 파문형(破門刑)을 가하고, 초범일 때는 만좌 앞에서 비웃음을 당하는 공개형으로 벌칙을 정했다.

권번에서 동료의 단골 손님을 가로챘을 때는 '통나무 말타기'란 가혹한 체형이 가해졌다. 통나무를 비스듬히 하여 속옷을 벗긴 홑치마 바람으로 말 태우듯 태운 다음, 강제로 끌어 내리기에 사타구니에 피멍이 드는 가혹한 체형이었던 것이다.

만약 가로챈 손님이 선배 기생의 단골이라면 이것은 동년배 기생의 단골을 가로챘을 때보다 중형이 가해졌다. 한데도 그 중형은 '통나무 말타기' 같은 체형이 아니라 권번의 현관에서 '단골 도적' 이라 쓴 푯말을 목에 걸고 하루종일 앉아 있는 형벌인 것이다.

비록 천민인 보부상인이나 무당이나 기생까지도 그의 명예가 이토록 소중한데 여느 사람이야 얼마만했는가는 짐작하고도 남는다.

곧 독직한 관원이 팽형을 받고 살아 있는 시체로 여생을 산다는 것은 사실상 사형이란 체형에 버금가거나 오히려 그보다 중형일 수가 있었던 것이다.

그러나 문헌에 나타나 있지 않은 점으로 미루어 이 행형(行刑)은 형제(刑制)로 채택되지 않고 민속화하여 속전됐던 것을 독직 관원에게 가하는 형으로 채택한 것이 아니었던가 싶다. 곧 공형(公刑)이 아니라 각 관아에서 사형(私刑)으로 전승해 내려오던 것을 독직의 중범일 경우, 이 혜정교에서 공개형을 처했던 것 같다.

아무튼 우리 선조들도 독직에 대한 백성의 증오와 원성을 십분 감안하였고, 또 독직을 제재하는 데 고심을 하였다는 것 등 서정 쇄신을 위한 노력이 이 같은 팽형이란 기속을 있게 했음을 미루어 생각할 수 있다.

언젠가 전북 장수(長水) 읍내의 십자로에서 일제시대의 이 야외 부뚜막을 본 일이 있다. 당시 일제 정책 가운데 하나인 색의 장려(色衣奬勵), 즉 백의 말살(白衣抹殺) 정책을 수행하고자 장 날마다 검정 물감을 그 솥에 끓여 놓고 장에 온 사람들의 옷에 그 검정 물을 끼얹었다.

그런데 그 고을 노인들의 말에 의하면, 관창(官倉) 곡식을 축 낸 아전들을 바로 그 위치에 있던 물 솥에다 처박고 불을 땠었 다는 것이다. 이같이 고을에 따라 솥찜질의 형대(刑臺)가 십자 로에 상설되었고 그것이 일제 때는 백의 말살 정책에 이용되었 음을 짐작할 수 있다.

바람난 아낙네의 증형

솥찜질은 부정 부패 관리에게 가하는 일종의 불문율의 제재관 습형으로 백성들에게 그 부정 부패를 제거한다는 전시 효과를 충분히 감안한 파문형이었다. 이같이 가사(假死) 의식으로 파문 당하면 이승과 저승의 괴로운 공간에 빠졌다고 생각했다. 이 같 은 기속이 근대에까지 남아 있었음은 바로 솥 속에 사람을 넣어 증살하거나 끓는 물에 찌는 비정적 고문 방법이 예전에도 있었 다는 증거이기도 하다.

이 같은 솥찜질을 문헌에서 발견할 수 없음은 그것이 법률 밖 에서 일어나는 관습적 사형(私刑)이었기 때문이다. 횟물을 콧구

멍에 붓고 끓는 물에 손을 넣게 하는 고문은 있었다. 그리고 전승된 민화(民話) 가운데는 솥뚜껑을 뒤집어 놓고 그 밑에서 불을 때어 달군 뒤에 시앗〔妾〕을 맨발로 세워놓고 학대하는 대목이 발견되고 있다.

또한 기우제의 한 방식으로서 아들을 많이 낳은 맏며느리를 불로 달군 솥뚜껑 위에 세워놓고 키에다 물을 떠서 끼얹는 관습도 있었다.

바람난 딸이나 아낙네들을 응징하는 린치로는 다음과 같은 비정적 수법을 썼다고 구전되고 있다. 벌겋게 타오른 숯불에 물을 끼얹은 다음 뜨거운 김이 치솟을 때 속곳을 벗기고 치마만 입힌 채 그 뜨거운 김 위에 엉거주춤 들여 세운다. 하반의 나신을 반숙시키는 가혹한 증형인 것이다.

이것은 바람기를 태운다는 주술적인 뜻과 바람기를 내는 국부에 화상을 입혀서 불모화(不毛化)한다는 응징의 뜻이 야합한 기속이다.

우리나라에서 풍속화되었거나 되었을 가능성이 있는 솥과 증기를 이용한 사형 방식들이다.

귀신은 종로 흙이 무섭다
◈ ◈ ◈

이 솥찜질을 십자로에서 베푼 이유는 사람이 가장 많이 모이는 번화가이고 공개성을 보다 효과적으로 하기 위함이라고 생각할 수도 있으나, 이것보다는 오히려 '十'자가 갖는 주술적 뜻으로 이해하는 편이 옳을 것 같다. '十'자는 일종의 절개(切開)의 상징적 부호로서 탄생과 죽음에 밀접한 관계가 있다.

한국 산속(産俗)에 임산부가 난산을 하면 임산부의 복부에 목수들이 쓰는 먹줄로 '十'자를 그린다. 즉 절개의 차력(借力)을 하는 것이다.

촉산(促産)에 무당을 불러 십자경(十字經)을 읽는 것이라든지, 십자로의 흙을 파다가 산실의 벽에 칠한다든지 하는 주술도 이 절개 개념으로 해석된다.

옛날 종로 네거리의 흙은 가장 강력한 주토(呪土)로 알려져 마냥 퍼갔으므로 한성부(漢城府)에서는 운토(運土)의 금방(禁榜)을 붙여 놓을 정도였다.

사람이 죽었을 때도 저승에로의 입구를 트는 뜻으로 이 '十'자의 절개 개념은 십분 이용되었다. 이를테면 묘자리에 첫 삽질을 할 때 반드시 십자 개토(開土)를 했다.

형틀의 상징인 십자가도 이 절개 개념으로 이해할 수 있다. 예수가 못박힌 십자가는 유대민족만의 형틀은 아니었다. 우리나라에서도 죄인을 호송할 때 십자가에 묶었다.

'죄인을 형장으로 호송할 때 열십자로 된 형목(刑木)이 가설된 소달구지에 죄인을 묶는다. 상투를 풀어 형목에 매고 두 팔을 펴 형목에 묶는다. 발은 발판 위에 세워서 끌고 가는데 남대문을 벗어나 비탈길에 이르면 발판을 차서 형목에 매달고 소를 마구 몰아 달리게 한다. 달구지의 심한 동요로 머리와 양팔은 찢어질 듯하고 혀끝은 흔들리는 상하의 치열(齒列) 틈에 잘려 선혈을 흘리기 일쑤였다.'

한말 행형(行刑) 행차의 목격담으로 십자가가 형목으로 쓰였음을 알 수 있다. 십자가가 동서 없이 형목으로 쓰였음은 형목으로서 편리한 구조라기보다 죽음에 드는 절개의 주술적 장구(葬具)로 보는 학자가 많다.

혼인도 못하고 죽은 총각이나 처녀를 십자로에 암장(暗葬)하거나 또 그 옷을 십자로에 버리는 풍속이 있었다. 이는 혼인이라는 신나는 인생의 재미를 못 해보고 죽었다는 원한을 뭇 여인이나 사내들에게 밟힘으로써 푼다는 인정의 해석으로 이해할 수 있다.

그런데 이 역시 원한 때문에 못 죽은, 즉 완전하게 못 죽은 원혼을 완전히 죽일 수 있도록 저승에의 강력한 절개 주술을 차력(借力)한다는 주술적 해석이 가능하다. 즉 원한 때문에 이승도 저승도 아닌 중간계에서 떠도는 그런 '리빙 데드'로부터 저승으로 구제하는 절개 주술인 것이다. 탐관오리를 십자로에 가설한 솥 속에 삶는 뜻도 죽음에의 절개, 즉 죽는다는 의식을 강화하는 주술적 응용으로 볼 수 있겠다.

슬픈 한국의 시시포스

그리스의 시시포스는 영원히 죽지 못하는 뇌옥에서 기어나오다가 떨어지길 영원히 거듭하고 있다. 하지만 시시포스는 한국의 살아 있는 사자(死者)보다 행복하다. 왜냐하면 추락이라는 절망에서 다시 기어오르는 희망으로의 시간이 끊임없이 계속되기 때문이다. 이같이 인간 파문을 당한 사람이 생리적으로 죽었을 때 묻어서는 안 된다. 묻지 않는다는 것은 이미 정신적으로 죽었기에 두 번 묻을 필요가 없어서가 아니라, 그는 이미 완전히 죽지 못하는 그런 쓰라린 중간계에서 영생하도록 숙명지어져 있기 때문이다.

이 중간계에는 전쟁이나 기근, 질병 또는 피살·유기 등에 의해 땅에 묻히지 못한 망령들과 대역 죄인이나 남편을 죽인 독부 및 간부, 상전을 죽인 노비 등 윤상죄(倫常罪)를 지어 육시(戮屍)당한 채 버려진 망령들이 산다.

부정 부패의 탐관오리를 이 소름끼치는 공간에서 영원히 죽지 못하게 고문하는 우리 선조의 사고방식은 탐관오리 때문에 너무 가혹한 핍박을 받았던 데서 벌어진 반작용인지도 모른다. 시시포스처럼 희망이 허락되지 않는 한국의 '리빙 데드' 팽형(烹刑)이나 그들이 사는 중간계의 설정은 한국적이고, 따라서 한국인의 사고방식을 이해하는 중요한 키 포인트이며 한국 영혼관의 중요한 요소이기도 하다.

살면서 죽어 있고 죽어도 못 죽는 그런 '리빙 데드'에의 공포가 현대까지 우리 한국인의 사고 속에 살아 있었다면 부정 부패는 이토록 오늘날의 큰 이슈가 되지 않을지도 모를 일이다.

수양 모자속(收養母子俗)

일생약정서(一生約定書)

　무당의 신령(神靈)에 대한 강한 신뢰는 일종의 전속 무당이라고 할 단골(丹骨) 제도를 탄생시켰다.
　이 무당은 단골 관계를 맺고 가문의 모든 운명의 병액뿐만 아니라 무사·번창·행복까지 신령에게 빌어주는 의무가 가중되었고, 더 나아가 자녀들의 장수까지도 빌어 주어야만 했다.
　여느 기양(祈禳)이나 기병(祈病)은 굿이나 푸닥거리, 축도(祝禱) 등의 의식으로 그치나 자녀들의 장수와 연명(延命)에는 특수한 의식이 수반되었다.
　자녀 가운데 단명(短命)을 예언받은 아이나 장수를 축원하고 싶은 아이는 이 단골과 수양 모자(收養母子) 관계를 맺는다. '수

영모(壽永母)', '수영자(壽永子)'라고도 표기하고, 이 가모자(假母子) 관계를 맺는데 여러 가지 계약 의식이 따랐다. 원시적 의식으로 수양자로 하여금 수양모의 가랑이로 기어나오게 하여 탄생 유감을 시키는 지방도 있고, 매매 계약서처럼 결연 계약서를 써서 나누어 갖기도 했다.

'일생약정서(一生約定書)' 또는 '증(證)'이라고 이 수양 계약을 표기하였고, 마치 물건처럼 매도인·매수인이라는 상업 용어를 쓰기도 하였다.

이같이 약정서가 교환되면 무당에게 아이를 판 부모는 '명다리〔命橋〕' 또는 '수영다리〔壽永橋〕'라 불리는 하얀 무명베를 증여했다. 이 명다리는 길수록 좋았는데, 그 길이와 수명이 비례한다고 인식했기 때문이다. 단골 수양모는 그녀의 신방 천장에 마치 줄다리처럼 이 명다리를 걸어놓아 상징적으로 짧은 수명에 긴 다리를 놓음으로써 장수나 연명을 유감시켰다. 부잣집에서는 값비싼 명주나 청홍 물감을 들인 비단으로 명다리를 삼았고, 신경(神鏡)·염주(念珠)·패물들을 이 명다리에 주렁주렁 달기도 했다.

반면에 베 살 돈이 없는 가난한 집에서는 하얀 실이나 붉은 실로 대체했다. 수명실 또는 명실이라고도 하는 이 실 역시 길다는 상징으로 장수와 연명을 유감시킨 것이다.

만약 귀한 외아들의 요절을 예언받으면 명집〔命家〕이라 하여 전용 신방(神房)을 지어주기도 하였다.

이와 같은 명다리·명실 등은 지방에 따라 여름과 겨울철 등 1년에 두 번이나 1년에 한 번, 또는 3년에 한 번씩 단골에게 기증했다. 대개의 단골은 다섯 명, 심하면 30명의 수양 자녀를 거느렸으므로 이 명다리·명실은 신방에 마냥 쌓이기 마련이었다. 베는 곧 화폐였다는 점으로 미루어 이 명다리는 무당들의 생활 밑천이 되기도 했다. 만약 무당이 그 베로 옷을 해입으려면 저고리는 해 입을 수 있어도 속곳(內衣)이나 치마를 해 입어서는 안 되었다. 하체(下體)에 의해 부정이 타기 때문이다.

수양모가 된 무당은 신방에 수양 자녀의 이름·생일·축원문 등을 걸어놓고 각종 무구(巫具)를 들고 장수 축원만 해주면 되었다. 즉 정월 초하루나 보름날 수양 자녀를 신단에 데리고 와 신년 신수를 봐 준 다음 지짐이나 인절미를 먹여 보내는 것이 관례였다.

화락천사

수양모는 수양 자녀가 혼기에 이르러 날받이를 하면 데려다가 적당한 성교육을 시키는 의무도 있었는데 이 행사를 화락천사(和樂薦事)라 했다.

이때 대가로 받은 곡식인 화락곡(和樂穀)은 아이 못 낳는 부녀자나 냉병이 있는 여자, 성적으로 화락지 못한 부녀자에게 영험이 있다 하여 은밀히 화락곡 보시를 했다. 그러면 화락곡을 보시받은 부녀자들은 보시받은 분량의 몇 배 되는 곡식을 그 대가로 무당에게 보냈다.

수양 자녀가 결혼하게 되면 수양모에게 옷 한 벌을 지어주는 것이 관례였고, 수양모도 그 대가로 수양자에게 신발이나 갓끈·주머니 등을, 수양녀에게는 바느질 그릇·요강 등을 선물하였다. 특히 이때 받은 요강은 '명요강'이라 하여 소중히 여겼으며 금이 가면 철사로 얽어 매어 썼으며, 쓰지 못할 정도로 낡더라도 버리지 않고 오래 간직하는 습속이 있었다. 수양 모자 관계는 결혼과 더불어 그치나 그 수양녀가 어머니가 되면 다시 이 단골을 찾아 세습이 되곤 했다.

이처럼 연명(延命)이나 장수를 위한 자녀 매매 습속의 전단계적 형태도 채집되고 있는데 이 전단계 형태로서 수양 습속의 원인을 모색해 볼 수 있다. 아들 딸을 낳고 싶은 염원은 본능적이고 간절한 것이다. 그러기에 아들을 낳기 위한 신명(神明)에의 기원은 자연 발생적이었고, 그 기원의 대상은 바위일 수도 있고 나무일 수도 있으며 신명과 통하는 무당일 수도 있다.

그와같이 기자를 해서 낳은 아이는 그 아이를 낳게 해준 신명과 숙명적으로 신연(神緣)이 있는 것으로 생각했다. 그리하여 바위에 빌어 낳은 아기는 세 이레 또는 일곱 이레가 지나면 그 신바위 앞에 안고 가서 신령에게 바치는 의식을 베푸는 습속이 있었다.

이 의식을 봉신(奉神)굿이라 했으며, 봉신굿을 마치고 아명(兒名)을 짓는데 대개 '돌' 또는 '바위'를 넣어 이름을 지음으로써 신연(神緣)을 간직했다. 이 신연에 숙명지어진 아이를 놀려댈 때, '너의 아버지는 돌아버지'라고 곧잘 했다.

또 생년월일에 진(辰)이 든 아이는 용신(龍神)의 아들이라 하여 매년 정월 첫 진(辰)날에 그 아이를 둘러업고 한강변에 나아가 용신맞이를 하는 습속도 있었다. 이렇게 신명에게 맡기는 습속은 각지에서 다양하게 발견되었다.

이와같이 자녀의 탄생이 신명의 작용이요, 또 그 수명이 신명에 매어 있다는 원시적 숙명은 자연히 신명과 교통하는 무당과 연분을 짓고 싶은 충동으로 작용했을 것은 자명한 일이다.

연산군의 수양 어머니

자녀의 연명을 위한 매자(賣子) 습속은 비단 단골 같은 무당에 국한된 것만은 아니었던 것 같다.

무당에게 아들 딸을 파는 습속 이전에 그 아이의 사주(四柱)·운명에 액이 들고 또 병이 잦으면 그 아이를 피방(避方)시켜 남의 집에서 기르는 습속이 있었는데, 피방해서 자라는 아이와 그 집 어머니 사이에는 수양 모자 관계가 형성되었다. 즉 집과 부모를 옮김으로써 불행한 운명에서 탈피하려는 운명 개조 습속이 수양 모자 습속으로 우리 나라에 존립했던 것이다.

피방 습속은 왕실에서도 예외가 아니었다. 왕실의 아기가 자주 앓거나 요절을 예언받으면 관상감(觀象監)의 역리(易理) 판단으로 방향을 정해, 법도 있는 민가에다 의탁시켜 그 집의 주부와 수양 모자를 결탁하고 기르는 습속이 있었다.

어릴 때부터 병골이었던 연산군도 수명에 불길한 예언을 받았으므로 피방 양육이 불가피하였다. 그리하여 신하의 집에서 어린 시절을 보내야 했다. 성종은 이 왕자의 장래를 위해 승정원에 피방·양육할 집을 선택하라고 하명했다.

승정원에서는 왕궁의 서쪽으로 피방해야 한다는 역리에 따라 궁(宮) 서쪽인 효자동·순화동 등 인왕산 밑을 살펴본 결과, 당시 형조 판서로 있던 강희맹의 집이 선택되었다. 특히 강희맹의 아내 안씨 부인은 부덕(婦德)이 높기로 소문나 있어 왕세자를 기르는 데 적합하다 하여 연산군은 어린 시절을 이 순화동에서 보냈다.

수양모가 된 안씨 부인의 극진한 간호와 양육으로 연산군은 건강해졌고 성종도 크게 기뻐하여 어의(御衣)를 비롯하여 백미 70석을 내렸다. 그 후 표독했던 연산군도 평생 동안 안씨 부인만은 섬겼으므로 후세에, '딸을 낳으려거든 안씨 딸같이 낳아라.' 하는 속담이 생겼으며, '아들을 낳고도 안씨집 딸만은 못하다.' 라는 속담도 생겼다.

연산군은 왕위에 오른 뒤 자신이 어릴 때 매양 즐겨 놀던 순화동 강 정승의 집 소나무에 추억의 벼슬을 내렸다. 진시황(秦始皇)이 소나무 다섯 그루에 대부(大夫) 벼슬을 내렸던 것을 본받아 그 소나무에 금띠〔禁帶〕를 둘러 주고 소나무 앞을 지나가는 사람들을 말에서 내리게 했다.

이와 같은 피방 습속은 병액이 그 집에 도사린 원한 머금은 망령의 소치로 알았던 데서 기인되었으며, 이 망령이 전혀 알아 볼 수 없도록 피화자(被禍者)를 옮겨 재생시키는 절차로 이해되기도 했다.

수양모 습속이나 가랑이를 기어나오는 재생례(再生禮)도 아마 이 악령에의 속임수였을 것이다. 이 같은 습속이 전화하여 단골에게 아들 딸을 팔고 또 수양모로 삼는 습속이 토착화되었던 것이다.

| 판 권 |
| 소 유 |

한국인의 민속 문화 3
— 우리 민속 문화의 정체성

초판 1쇄 인쇄 ▮ 2000년 10월 25일
초판 1쇄 발행 ▮ 2000년 10월 30일

지은이 ▮ 이 규 태
펴낸이 ▮ 신 원 영
펴낸곳 ▮ (주)신원문화사

주소 ▮ 서울시 강서구 등촌1동 636-25
전화 ▮ 3664-2131~4
팩스 ▮ 3664-2129~30
출판등록 ▮ 1976년 9월 16일 제5-68호
이규태 ⓒ 2000

*잘못된 책은 바꾸어 드립니다.

ISBN 89-359-0941-6 04810
89-359-0942-4 (전3권)